Anselm Grün

Les grands récits de la **Bible**

Avec les illustrations de Giuliano Ferri
Traduit de l'allemand par Anne Bideault

bayard jeunesse

L'ANCIEN TESTAMENT

LE NOUVEAU TESTAMENT

L'ANCIEN TESTAMENT

La création

Genèse 1,1-2,4a ; 2,4b-22

Il y a des milliers d'années déjà, les hommes racontaient des histoires pour expliquer comment le monde avait été créé. Ils ignoraient beaucoup de ce que nous savons aujourd'hui. Mais ils étaient sûrs d'une chose : c'est que le monde entier – tout ce que nous voyons, tout ce que nous avons – tout cela venait de Dieu.

Il y a deux mille cinq cents ans, des hommes instruits, des lettrés d'Israël, commencèrent à transcrire ces histoires. Ils imaginaient, à l'époque, que Dieu avait créé le monde en six jours et que, le septième jour, il s'était reposé. C'est à eux que nous devons l'habitude de travailler six jours dans la semaine et de nous reposer le septième. Le dimanche, nous nous accordons du repos et nous pouvons nous réjouir de ce que Dieu a créé, mais aussi de tout ce que nous avons accompli dans la semaine.

Au commencement, Dieu crée le ciel et la terre. Le premier jour, il dit : « Que la lumière soit ! » Et il fait clair. Le deuxième jour, Dieu crée le ciel, qui s'étend comme une voûte au-dessus de la terre. Le troisième jour, Dieu s'occupe de la terre : il crée la mer et la terre ferme, traversée de fleuves et de ruisseaux. Puis il fait pousser des arbres magnifiques et de belles fleurs. Le quatrième jour, Dieu dit : « Il faut des lumières sur la voûte céleste, pour distinguer le jour de la nuit. » Et, quand Dieu dit quelque chose, cela se réalise. C'est ainsi qu'apparaissent le soleil, qui domine le jour, et la lune, qui domine la nuit. Puis Dieu fixe au ciel les étoiles, qui guident les hommes la nuit et leur font admirer la beauté de Dieu. Le cinquième jour, Dieu peuple les eaux de poissons variés et d'autres animaux aquatiques. Il emplit le ciel d'oiseaux de toutes sortes. Dieu se réjouit de voir les poissons nager et d'écouter les oiseaux gazouiller joyeusement et lui chanter des louanges. Il leur dit : « Faites des petits ! Multipliez-vous ! »

Le sixième jour, Dieu crée les animaux terrestres : les lions et les tigres, les chiens et les chats, les serpents et les lézards, et bien d'autres encore. Lorsque Dieu voit que tout ce qu'il a fait est bon et beau, il dit : « Je vais créer l'être humain à mon image. » C'est ainsi qu'il crée l'être humain, homme et femme. De toutes ses créatures, c'est celle qui lui est la plus proche. Dieu leur dit : « Faites des enfants ! Multipliez-vous ! » Pour se nourrir, ils disposent des plantes et des animaux.

Dieu observe tout ce qu'il a créé. Satisfait, il constate que tout est très bon et très beau. Sa beauté se reflète dans sa création. Le septième jour, Dieu se repose de tout ce qu'il a fait. Il bénit le septième jour et le déclare sacré. Les hommes d'Israël ont aussi une autre façon de raconter la création.

Dans cette deuxième histoire, Dieu modèle l'être humain avec de la terre. Puis il crée un superbe jardin, plein de plantes et d'animaux. L'humain doit cultiver ce jardin et en assurer la garde. Mais il se sent seul. Dieu dit : « Ce n'est pas bon que l'humain reste seul. » Alors, il façonne un deuxième être humain. Le premier devient l'homme, le deuxième, la femme. Il appelle l'homme Adam, et la femme, Ève.

Adam et Ève

Genèse 3,1-24

Adam et Ève vivent au Paradis, et sont heureux l'un avec l'autre. Ils s'occupent du jardin et mangent les fruits des arbres et des arbustes. Mais dans ce beau jardin, le paradis, il y a aussi un serpent. Il est le plus rusé de tous les animaux.

Un jour, le serpent se faufile jusqu'à Ève et la séduit grâce à une ruse. Dieu avait permis à Adam et Ève de manger les fruits de tous les arbres, sauf ceux de l'arbre de la connaissance du bien et du mal, qui pousse au milieu du jardin : s'ils le faisaient, ils mourraient. Mais le serpent raconte à Ève à quel point les fruits de cet arbre sont délicieux. Il lui promet qu'elle ne mourra pas si elle y goûte. Au contraire, ses yeux s'ouvriront, elle comprendra la différence entre le Bien et le Mal, et elle sera comme Dieu.

Ève observe les beaux fruits que porte l'arbre de la connaissance. Elle pense : « Pourquoi n'en prendrais-je pas un ? Ils sont si beaux. Le serpent a peut-être raison. Je ne crois pas que je puisse mourir si je mange l'un de ces fruits. »

Elle cueille un fruit, en mange un morceau et en donne aussi à Adam. Leurs yeux s'ouvrent effectivement. Ils se rendent compte qu'ils sont nus. Auparavant, ils étaient nus aussi, mais n'en étaient pas gênés. Maintenant, ils ont honte l'un devant l'autre. Ils prennent des feuilles de figuier et s'en tressent chacun un pagne. Mais ils ont peur de Dieu et se cachent.

Dieu, bien sûr, se rend compte de ce qu'Adam et Ève ont fait. Il demande à Adam : « Où es-tu ? » Et Adam répond : « Je t'ai entendu venir et je me suis caché. J'ai peur de toi, car je suis nu. » Dieu lui demande alors : « Qui t'a dit que tu étais nu ? As-tu mangé le fruit que tu ne devais pas manger ? » Adam doit avouer la vérité. Mais il rejette la faute sur Ève : « C'est elle qui m'a donné le fruit ! » Dieu se tourne vers Ève : « Qu'as-tu fait ? » Ève rejette la faute sur le serpent : « Le serpent m'a tentée. C'est pour ça que j'ai mangé. »

Dieu se met en colère et maudit le serpent. Il lui dit :
« Désormais, tu ramperas sur le sol et tu mangeras de la
poussière. » Mais Adam et Ève doivent aussi subir les
conséquences de leur désobéissance. Dieu dit à Ève :
« La naissance de tes enfants se fera dans la douleur. »
Il dit à Adam : « Pour vous nourrir tous les deux,
il faudra que tu travailles dur. » Mais Dieu prend aussi
soin d'Adam et Ève. Il leur fait des pagnes de peau
de bête pour qu'ils n'aient pas froid. Mais c'en est fini
du bon temps au Paradis. Adam et Ève doivent quitter
le magnifique jardin, et cultiver avec peine des champs
pour récolter leur nourriture. Aux portes du Paradis,
Dieu place un ange armé d'une épée de flammes pour
empêcher les hommes d'y revenir.

Depuis ce temps, la vie des hommes n'est plus aussi
simple. Se nourrir, survivre, tout cela leur demande
beaucoup de travail, et ils connaissent la douleur et le
chagrin. Mais, même si l'homme ne vit plus au Paradis,
Dieu est toujours à ses côtés.

Caïn et Abel

Genèse 4,1-16

Adam et Ève ont deux fils : Caïn et Abel. Chacun apprend un métier différent. Caïn devient paysan et Abel, berger. Au début, la famille vit en paix, et les deux frères travaillent bien. Puis Caïn se met à jalouser Abel. Ils font chacun une offrande à Dieu. Caïn offre les plus beaux fruits de ses récoltes, et Abel sacrifie un petit agneau. Mais Caïn a le sentiment que Dieu préfère l'offrande d'Abel à la sienne. Il devient rouge de colère. Dieu le remarque et lui demande : « Pourquoi rougis-tu ainsi, et pourquoi baisses-tu le regard ? Prends garde à ce que ta colère ne te fasse pas commettre une injustice. » Caïn n'écoute pas ce que Dieu lui dit. Il se compare à son frère et enrage de voir que celui-ci s'en sort mieux que lui. Il propose alors à Abel de l'accompagner jusqu'aux champs. Lorsqu'ils sont seuls, Caïn tue son frère, qui ne lui a rien fait. C'est la jalousie qui le pousse à ce geste.

Dieu sait ce qu'a fait Caïn. Il le questionne : « Où est ton frère Abel ? » Caïn élude : « Je ne sais pas. Suis-je le gardien de mon frère ? » Dieu dit alors à Caïn : « Qu'as-tu fait ? Le sang de ton frère crie vers moi ! Désormais, tu erreras à travers le monde sans trouver la paix. Et, lorsque tu cultiveras la terre, elle ne te donnera rien. » Caïn réalise l'énormité de la faute qu'il a commise. Il dit à Dieu : « Ma faute est trop grande, je ne peux pas la porter. Sans trêve ni repos, je vais errer à travers le monde. Le premier qui me croisera me tuera. » Dieu a pitié de Caïn. Il trace un signe sur son front, pour que chacun comprenne que Caïn est sous sa protection.

Caïn est devenu un exemple pour l'homme. Si nous faisons mal à quelqu'un, nous avons mal nous aussi. Nous ne trouvons pas le repos et sommes tourmentés par notre mauvaise conscience.

L'histoire de Caïn et Abel nous rappelle que nous devons être attentifs à nos frères et sœurs. Pour cela, nous ne devons pas nous comparer les uns aux autres. Chacun de nous a reçu de Dieu de bons côtés, pour lesquels nous devons avoir de la gratitude.

Noé construit une arche

Genèse 6,5-9,17

Avec le temps, la terre se peuple de plus en plus. Mais la méchanceté que Caïn a semée en tuant son frère Abel, se répand elle aussi. Dieu regrette d'avoir créé les hommes, car ils ne remplissent pas ses attentes. Seul Noé est bon. Il fait ce que Dieu demande aux hommes. C'est pourquoi Dieu lui ordonne de construire une arche. Car un déluge va noyer la terre, et tous les animaux et les hommes qui l'habitent. Noé construit l'arche comme Dieu le lui a demandé. Et, comme Dieu le lui a ordonné, il y fait monter sa femme, ses fils et les femmes de ses fils. Puis il embarque deux individus de chaque espèce d'animaux, un mâle et une femelle. Noé fait charger une grande quantité de nourriture, pour que ni les hommes ni les animaux ne meurent de faim. Les gens s'étonnent de voir Noé s'affairer ainsi. Quand il explique qu'un déluge va noyer la terre et qu'ils mourront tous, ils se moquent de lui. Ils continuent à vivre et à commettre des péchés, sans se soucier de rien.

Puis il pleut pendant quarante jours et quarante nuits sans interruption. Les fleuves et les mers gonflent puis débordent. La terre entière est inondée. L'eau recouvre tout. Tous les hommes et tous les animaux se noient. Leurs maisons sont emportées par les flots. L'eau monte de plus en plus et l'arche se met à voguer. Durant cent cinquante jours, l'eau continue à enfler sur la terre. Puis un vent chaud se met à souffler et l'eau commence lentement à se retirer. Au bout de dix mois, on peut apercevoir les sommets des plus hautes montagnes qui dépassent. Noé attend encore quarante jours. Puis il laisse un corbeau s'envoler. Mais le corbeau revient toujours à l'arche. Noé lâche une colombe, pour voir si l'eau est suffisamment descendue. Mais la colombe ne trouve pas non plus d'endroit sec pour se poser et revient à l'arche. Noé attend sept jours de plus. Puis il lâche à nouveau la colombe. Elle s'envole et ne revient que le soir. Dans son bec, elle tient une branche d'olivier. Noé comprend qu'il ne reste plus beaucoup d'eau sur la terre. Il attend encore sept jours avant de relâcher la colombe. Cette fois, elle ne revient pas. Noé sort sur le pont de l'arche et regarde à l'horizon. Il voit que la surface de la terre a séché. Dieu lui ordonne alors de sortir de l'arche, lui, sa famille et tous les animaux qu'il a fait monter à bord.

Pour remercier Dieu, Noé lui fait une offrande. Dieu le bénit, lui, sa femme, ses fils et leurs femmes. Et il scelle une alliance avec eux et avec tous les êtres vivants qui se sont abrités dans l'arche. Il leur promet qu'il n'enverra plus jamais un tel déluge pour détruire la création. En signe de cette alliance, Dieu déploie un arc-en-ciel.

L'arc-en-ciel rappelle à Dieu sa promesse. Il rappelle aussi aux hommes qu'ils doivent suivre les commandements de Dieu. Dieu a respecté cette alliance, mais les hommes l'ont sans cesse rompue. Malgré tout, Dieu a toujours tenu sa promesse.

La tour de Babel

Genèse 11,1-9

Après le déluge, les hommes se multiplient à nouveau. Ils parlent tous la même langue. Cela les rend puissants. Ils se comprennent tous et peuvent ensemble accomplir de grandes œuvres. Mais cela les rend présomptueux. Ils disent : « Fabriquons des briques d'argile. Faisons-les cuire pour les durcir. » Avec ces briques, ils construisent des maisons. Ils sont tellement fiers de leurs constructions qu'ils prennent une décision : « Nous allons construire une ville et une tour dont le sommet atteindra le ciel. Ainsi, nous serons connus dans le monde entier, et tous nous admireront. »

Ils tracent les plans de leur ville, font cuire beaucoup de briques, et commencent à construire une tour, étage par étage. Mais Dieu n'apprécie pas leur insolence et leur vanité. Il pense : « Les hommes imaginent qu'ils peuvent se passer de moi et peuvent tout faire eux-mêmes. Ils ne veulent plus admirer ce que j'ai créé. Ils ne désirent que s'admirer eux-mêmes et être admirés par les autres. »

Alors Dieu embrouille leur langue. Soudain, les hommes ne se comprennent plus les uns les autres. Ils parlent tous en même temps dans des langues différentes. C'est ainsi que la construction de la tour ralentit. Les ouvriers ne comprennent pas les ordres qui leur sont donnés. Et, comme personne ne comprend ce que disent les autres, tous s'éparpillent peu à peu. Chacun suit son propre chemin sans plus se soucier des autres. Ils cessent de construire la ville, et abandonnent le chantier de la tour. Plus personne n'admire ce bâtiment. Au contraire, on se moque de ceux qui en ont eu l'idée et qui se sont attelés à sa construction.

On donne le nom de « Babel » à cette ville inachevée. Babel, cela signifie « brouillé », car c'est là que Dieu a embrouillé les langues du monde entier. Aujourd'hui, on se plaint souvent de ne pas tous parler la même langue. Certes, nous sommes tous capables d'apprendre une langue étrangère, et de comprendre ensuite ce que dit un Anglais, un Allemand ou un Italien. Mais nous ne nous comprenons pas toujours, même en parlant la même langue, et nous n'arrivons pas à réaliser des choses en commun. La tour de Babel, inachevée, est un avertissement : nous ne devons pas être fiers et présomptueux, mais nous devons entendre ce que nous dit l'autre et faire l'effort de parler pour qu'il nous comprenne.

Dieu envoie Abraham à Canaan

Genèse 11,31-12,5

Il y a un homme qui vit comme Dieu le souhaite. Cet homme, c'est Abraham. Il est bon. Il a une femme, Sara. Il possède un gros troupeau de bétail, et fait travailler de nombreuses servantes et serviteurs. Lot, son neveu, habite avec lui. Ils vivent à Ur, en Chaldée, et sont fiers de tout ce qu'ils possèdent. Un jour, Dieu s'adresse à Abraham : « Quitte ton pays et la terre de tes ancêtres, et installe-toi dans le pays que je te désignerai. Tu auras une grande descendance. Ton nom sera grand et tu seras une bénédiction. »

Les paroles de Dieu surprennent Abraham. Mais il a confiance. Il prend donc tout ce qu'il possède, et il quitte son pays avec sa femme Sara, ses servantes, ses serviteurs, son neveu Lot, pour aller vers le pays que Dieu lui a promis. Dieu le bénit, parce qu'il lui a fait confiance et a obéi à ses ordres.

C'est pour cela qu'Abraham est un modèle de foi : il renonce à son pays. Parce qu'il croit si fort en lui, Dieu bénit l'œuvre d'Abraham. Tout ce qu'il entreprend lui réussit. Et il devient même une bénédiction pour les hommes. Aujourd'hui encore, on aime se souvenir d'Abraham. On l'appelle « le patriarche » Abraham.

Abraham et Lot

Genèse 13

Abraham s'établit dans le pays de Canaan. Là, il change régulièrement son campement de place, emmenant avec lui son bétail et tous ses biens. Son neveu Lot possède lui aussi de grands troupeaux de moutons, de chèvres et de vaches. Il est nomade comme son oncle : il se déplace avec ses bêtes et ses bergers à travers le pays. Mais le pays est trop petit pour eux deux : il y a toujours des querelles entre les bergers d'Abraham et ceux de Lot. Abraham va voir son neveu et lui dit : « Il ne doit pas y avoir de disputes entre toi et moi, entre mes bergers et les tiens. Nous sommes de la même famille, nous sommes frères ! » Il propose à son neveu de le quitter, pour mettre plus de distance entre eux deux. Lot peut choisir le lieu où il veut s'établir. Il lui semble qu'au sud, dans la plaine du Jourdain, la terre est fertile. On appelle cette région « le jardin de Dieu », tant elle est belle. Alors Lot part pour la plaine du Jourdain et s'y installe. Là-bas, il y a deux villes, Sodome et Gomorrhe. Lot ne sait pas que leurs habitants sont mauvais. Il ne voit que la terre fertile, qui serait si bénéfique à ses troupeaux. Abraham, lui, reste au nord, à Canaan. Il dresse ses tentes et fait paître son bétail. Chacun vit en paix de son côté, il n'y a plus de querelles entre leurs bergers, car chacun a assez de place pour son campement et ses troupeaux.

Dans une famille, frères et sœurs ont besoin d'être proches les uns des autres pour pouvoir s'entraider. Mais parfois ils ont aussi besoin de distance, pour ne pas se disputer. Chacun respecte l'espace de l'autre. C'est ainsi que tous peuvent vivre en paix ensemble, et remercier chacun de sa présence quand ils ont besoin de son aide.

Abraham, Sara et Hagar

Genèse 16 ; 18,1-15 ; 21,1-21 ; 23

La femme d'Abraham, Sara, est très belle. Pourtant, bien qu'elle le désire très fort, elle n'est jamais tombée enceinte. Elle dit à Abraham : « Je te donne ma servante Hagar. Tu auras un enfant avec elle. » Mais, dès qu'Hagar est enceinte, elle perd son respect pour Sara et se moque de sa maîtresse qui ne peut pas avoir d'enfant. Sara la traite avec beaucoup de rudesse et est tellement sévère avec elle qu'Hagar n'y tient plus et s'enfuit dans le désert. Là, Dieu lui parle. Il lui dit : « Retourne chez Abraham et Sara. Tu vas bientôt avoir un fils, et tu l'appelleras Ismaël. Il sera le père d'un grand peuple. » Alors, Hagar retourne chez Abraham et Sara.

Mais Dieu a pitié de Sara. Un jour, il envoie trois hommes à Abraham, pour lui annoncer la naissance d'un fils. Abraham reçoit ces hommes avec soin. Lorsqu'ils sont tous assis devant sa tente, pour manger ensemble, les hommes demandent à Abraham : « Où est ta femme ? » Abraham répond qu'elle est à l'intérieur de la tente. Un des hommes dit alors : « Dans un an, nous reviendrons. Ta femme Sara aura donné naissance à un fils. »

Sara est à l'entrée de la tente et entend ces paroles. Elle rit en silence et pense : « Je suis déjà si vieille ! Comment pourrais-je donc avoir un enfant ? » Les hommes lancent alors à Abraham : « Pourquoi Sara rit-elle ? Y a-t-il quelque chose d'impossible à Dieu ? Dans un an, Sara aura eu un enfant. »

Et, comme Dieu l'a annoncé, Sara tombe enceinte, bien qu'Abraham et elle soient déjà vieux. Elle donne naissance à un fils, qu'elle appelle Isaac. Cela signifie « Dieu rit ». Car Dieu a envoyé un rire à Sara, et tous ceux qui ont entendu que Dieu allait donner un fils à un couple de vieillards ont ri avec elle.

Isaac fait la joie de Sara. Un jour, elle voit qu'Ismaël, le fils de sa servante Hagar, se moque d'Isaac. Elle se met en colère et ordonne à Abraham de renvoyer Hagar et son fils. Abraham en est très triste : il aime ses deux fils. Mais Dieu lui dit qu'il protégera Ismaël. Alors Abraham donne à Hagar du pain et une outre d'eau et la renvoie.

Hagar et son fils errent dans le désert. Bientôt, ils n'ont plus une goutte d'eau. L'enfant pleure de soif. Hagar ne supporte pas les cris de son enfant. Elle l'installe sous un buisson de genêt et s'assoit à côté de lui. Elle veut mourir avec lui. Mais Dieu entend les pleurs d'Ismaël. Il envoie un ange à la mère et l'enfant. L'ange leur montre un puits, auquel ils peuvent boire. Cela les sauve. Hagar et son fils quittent le pays de Canaan et s'installent dans le désert. Ismaël devient archer. Il se marie avec une Égyptienne et fonde une famille. Sara reste avec Isaac auprès d'Abraham. Isaac grandit et devient un garçon vigoureux. Il fait la joie de sa mère, Sara. Mais elle meurt avant qu'il ne soit adulte. Abraham enterre sa femme dans la caverne de Makpéla.

Même si, dans certaines situations, nous avons parfois envie de renoncer, parce que nous avons le sentiment que nous traversons un véritable désert, Dieu nous enverra toujours un ange qui nous montrera où se trouve le puits de la vie. Et, si nous buvons l'eau de ce puits – si nous apprenons l'amour de quelqu'un par exemple –, nous serons bien à nouveau. Et nous pourrons poursuivre notre chemin.

Sodome et Gomorrhe

Genèse 18,16-33 ; 19,1-29

Les trois hommes qui ont rendu visite à Abraham pour lui annoncer la naissance d'Isaac lui ont dit aussi que Dieu détruirait les villes de Sodome et Gomorrhe. Car leurs habitants sont mauvais et méprisent les commandements de Dieu.

Abraham sait que son neveu, Lot, vit à Sodome. Alors il demande à Dieu : « Ainsi, tu veux anéantir les innocents avec les coupables ? Il y a peut-être cinquante innocents dans cette ville ! » Dieu promet de ne pas détruire la ville s'il y trouve cinquante innonceents. Abraham commence à négocier avec Dieu. Il dit : « Et s'il n'y en avait que quarante, ou trente ? Ou vingt, ou dix ? Tu détruirais la ville quand même ? » Dieu répond : « Pour la grâce des dix innocents, je ne détruirai pas la ville. » Abraham a confiance : il n'arrivera rien à son neveu Lot et la ville sera sauvée.

Mais Dieu envoie deux anges à Sodome. Lot aperçoit les deux étrangers, les invite dans sa maison et leur offre à manger. Il leur propose de passer la nuit chez lui. Mais les gens de Sodome encerclent sa maison. Ils appellent Lot pour lui demander : « Où sont les hommes qui sont arrivés chez toi ce soir ? Fais-les sortir ! » Lot sort de sa maison et referme la porte derrière lui. Il fait face aux assaillants : « Je ne le ferai pas. Vous avez de mauvaises intentions. Ces étrangers sont sous ma protection. » Les habitants de Sodome injurient Lot et disent : « Tu es toi-même un étranger et tu te permets de nous donner des ordres ! » Ils le bousculent et essayent d'enfoncer la porte. Mais les anges attrapent Lot, le tirent à l'intérieur, et barricadent la porte plus solidement. Puis ils rendent la foule aveugle. Sans rien y voir, personne ne réussit à trouver la porte à nouveau. En rage, ils tâtonnent à l'aveuglette sans pouvoir s'en prendre à Lot à nouveau. Les anges disent à Lot de fuir avec ses filles et ses gendres, car ils ont pour mission d'anéantir la ville. Mais les gendres refusent de partir. Alors les anges prennent Lot, sa femme et ses deux filles par la main pour les conduire à l'extérieur de la ville. Là, ils les lâchent et disent à Lot : « Sauvez-vous ! Ne vous retournez pas et ne vous arrêtez pas en chemin. » Lot, sa femme et ses deux filles commencent à marcher. Mais la femme de Lot désobéit à l'ordre des anges : elle se retourne pour voir ce qu'il se passe à Sodome et à Gomorrhe. Elle se métamorphose en statue de sel. Dieu fait pleuvoir le feu et le soufre sur Sodome et sur Gomorrhe. Il ne reste rien des deux villes. Lorsque Abraham arrive le lendemain matin pour voir ce qui est arrivé, il ne trouve qu'un épais nuage de fumée.

Dieu met Abraham à l'épreuve

Genèse 22,1-19

Un jour, alors qu'Isaac est un petit garçon, Dieu met Abraham à l'épreuve. Il dit : « Abraham, prends ton fils Isaac, que tu aimes tant, et sacrifie-le pour moi en haut d'une montagne du pays de Moria. » Abraham ne conçoit pas que Dieu puisse lui demander cela, mais il obéit. À l'aube, il se lève, selle son âne, réveille deux jeunes serviteurs et son fils Isaac. Puis il fend du bois pour le bûcher et se met en route. Isaac marche sans rien dire à ses côtés. Lorsqu'ils gravissent la montagne, Isaac demande : « Père ! Nous avons du bois et du feu. Mais où est l'agneau du sacrifice ? » Abraham répond à son fils : « C'est Dieu qui choisira l'agneau du sacrifice, mon fils. » Ils poursuivent leur marche en silence.

Au sommet, Abraham dresse un autel avec des pierres et empile le bois dessus. Puis il ligote son fils Isaac et l'allonge sur l'autel. Juste à l'instant où Abraham lève son couteau pour obéir à Dieu, il entend un cri. L'ange de Dieu lui ordonne : « Abraham ! Abraham ! Ne lève pas la main sur ce garçon et ne lui fais pas mal ! Dieu sait maintenant que tu lui obéiras et que tu es même prêt à sacrifier ton propre fils pour lui. Parce que tu lui as obéi, Dieu va te bénir. Tu auras une grande descendance, aussi nombreuse qu'il y a d'étoiles dans le ciel. »

Lorsque Abraham redresse la tête, il aperçoit un bélier dont les cornes sont prises dans un fourré. Abraham l'attrape et le sacrifie sur l'autel à la place de son fils. La parole de l'ange a sauvé Isaac. Père et fils s'embrassent.

Isaac et Rebecca

Genèse 24

Abraham vieillit. Il appelle son plus vieux serviteur et lui dit : « Promets-moi que tu ne donneras pas à mon fils Isaac une femme du pays de Canaan, mais une de mon pays, celui où je suis né. Va ! Pars dans le pays de mes ancêtres pour retrouver ma famille et choisis là-bas une femme pour Isaac. » Le serviteur souhaite obéir à son maître. Mais il a des doutes : « Que ferai-je si la femme ne veut pas venir avec moi ? Faudra-t-il que je vienne chercher Isaac pour le conduire dans le pays que tu as quitté ? » Abraham réplique : « Pas question. Si la femme ne veut pas te suivre, je te déchargerai de ta mission. »

Le serviteur part avec dix chameaux et de précieux cadeaux choisis parmi les possessions de son maître. Il prie Dieu de lui donner un signe : « Si je demande à une fille : "Tends-moi ta cruche pour que je boive" et qu'elle me répond : "Bois, et voilà de l'eau pour tes chameaux aussi", je saurai que ce sera celle que tu as choisie pour mon maître Isaac. » Cela se passe exactement comme le serviteur l'a demandé à Dieu.

Rebecca, une belle jeune fille qui n'est pas encore mariée, vient à la fontaine pour puiser de l'eau. Lorsque le serviteur la prie de lui donner à boire, elle ôte immédiatement la jarre de son épaule pour la lui tendre. Et elle ajoute aimablement : « Je vais puiser de l'eau pour tes chameaux jusqu'à ce qu'ils soient désaltérés. » Une fois que les chameaux ont fini de boire, le serviteur offre à Rebecca un anneau d'or qu'elle met à sa narine, et deux bracelets dorés qu'elle passe à ses poignets.

Le serviteur demande : « Qui est ton père ? Y a-t-il assez de place dans sa maison pour que nous y passions la nuit ? » Rebecca répond : « Je suis la fille de Bétouel. Sa maison est assez grande et nous avons de la paille pour tes chameaux. » Le serviteur la suit jusqu'à la maison de son père.

Lorsqu'ils y arrivent, on leur sert un très bon repas, à lui et à sa suite. Mais le serviteur dit : « Je ne mangerai rien tant que je n'aurai pas rempli ma mission. » Il leur raconte la demande d'Abraham, qui l'a envoyé dans le pays de ses ancêtres chercher une femme pour son fils Isaac. Le père et le frère de Rebecca, Bétouel et Laban, comprennent que c'est Dieu qui veut que Rebecca devienne la femme d'Isaac. Ils acceptent donc de la laisser partir avec le serviteur d'Abraham. Le serviteur offre à Bétouel et Laban de la part de son maître de magnifiques présents, de l'or et de l'argent, des vêtements.

Le lendemain, il part pour le campement d'Abraham et Isaac, à Canaan, avec Rebecca. Alors qu'ils s'approchent d'un puits, Isaac vient à leur rencontre : il les a aperçus de loin. Rebecca met pied à terre et voile son visage. Isaac la prend par la main et l'amène jusqu'à la tente de sa mère, qui est déjà morte. Rebecca lui plaît beaucoup et le console de la mort de sa mère. Peu de temps après, ils se marient. Abraham est heureux que Dieu lui ait offert une aussi bonne belle-fille.

Jacob, Ésaü et le droit d'aînesse

Genèse 25,19-34 ; 27

Rebecca tombe enceinte. Lorsque arrive le moment de la naissance, on se rend compte qu'elle porte des jumeaux. Le jumeau qui vient au monde le premier est roux et couvert de poils, comme s'il avait un pelage. Ils l'appellent Ésaü. Juste après, son frère vient au monde à son tour. De sa main, il tient fermement le talon d'Ésaü. On l'appelle donc Jacob, ce qui signifie « Celui qui tient le talon ».

Les deux garçons grandissent. Ésaü aime parcourir les champs pour chasser. Jacob, lui, préfère rester auprès de sa mère. Isaac aime beaucoup Ésaü, parce qu'il est bon chasseur. Rebecca, elle, préfère Jacob, qui est si calme et passe du temps avec elle. L'un est donc fils de son père, et l'autre, fils de sa mère. Les deux frères s'entendent bien, au début. Malheureusement, cela ne dure pas. Un jour, Ésaü part chasser, comme d'habitude. Et Jacob reste au camp. Il prépare une soupe de lentilles, comme sa mère le lui a appris. Lorsque Ésaü rentre des champs, épuisé, il dit à Jacob : « Donne-moi donc de ta soupe, elle sent si bon ! J'ai faim et je suis fatigué. » Ésaü a plus de force que Jacob. Mais celui-ci est malin et cherche toujours son avantage. Il réplique donc à son frère : « Je te donnerai de la soupe si tu me donnes ton droit d'aînesse en échange. » (À l'époque, l'aîné avait plus de droits que tous ses frères et sœurs qui naissaient après lui, et recevait tout l'héritage.)

Ésaü est si affamé et fatigué par la chasse qu'il répond à son frère : « Je meurs de faim : à quoi me servirait un droit d'aînesse ? Prends-le ! » Mais Jacob exige de son frère qu'il jure de lui donner son droit, et Ésaü jure. Jacob lui tend de la soupe et du pain. Ésaü mange et boit, et se sent bien. Il ne pense plus à son droit d'aînesse.

Lorsque Isaac devient vieux, il veut bénir son premier-né, Ésaü. Il le charge d'aller tuer du gibier et d'en préparer un repas. Après cela, il le bénira. Mais Rebecca a entendu cette conversation. Elle ordonne à Jacob de lui apporter deux beaux chevreaux. Avec leur viande, elle va préparer un repas que Jacob apportera à son père : car Rebecca veut que ce soit lui qui reçoive la bénédiction de l'aîné. Pour qu'Isaac ne se rende compte de rien, Rebecca fait passer à Jacob les plus beaux vêtements d'Ésaü, et recouvre ses mains et son cou glabres de la peau des chevreaux. Puis elle l'envoie à son père.

Isaac est surpris qu'Ésaü ait chassé et cuisiné du gibier en si peu de temps. Est-ce bien Ésaü qu'il a devant lui ? Il ne voit plus très bien, mais la voix qu'il entend ressemble à celle de Jacob. Il touche alors les mains et les bras de Jacob : tous ces poils sous ses doigts, ce ne peut être qu'Ésaü. Il donne donc à Jacob la bénédiction du premier-né.

Lorsque Ésaü revient de la chasse et apporte à son père le plat qu'il a préparé, Isaac est très triste. Il a déjà donné sa bénédiction à Jacob et ne peut la donner une seconde fois. Ésaü entre dans une grande colère contre son frère, qui l'a trompé pour la seconde fois. Il le surnomme Jacob le traître et décide de le tuer. Mais Rebecca l'entend…

Le rêve de Jacob

Genèse 27,42-45 ; 28,10-22

Rebecca dit à Jacob que son frère veut le tuer. Elle lui ordonne :
« Fuis ! Va voir mon frère Laban à Harân, et reste là-bas tant
que la rancune de ton frère ne s'est pas éteinte. Je t'enverrai un messager
pour te dire quand tu pourras revenir. » Jacob prend son baluchon et
part. Le premier soir de sa fuite, il est très fatigué. Il prend un caillou
en guise d'oreiller et s'allonge pour dormir. Il fait un rêve : une échelle
va de la terre au ciel. Des anges ne cessent de monter et descendre les
échelons. Dieu lui-même est debout tout en haut de l'échelle et
s'adresse à Jacob : « Je suis le Seigneur, le Dieu d'Abraham et le Dieu
de ton père Isaac. Je veux te léguer la terre sur laquelle tu es couché,
à toi et à tes descendants. Je suis à tes côtés. Je te protégerai,
où que tu ailles. Je ne t'abandonnerai pas
tant que je n'aurai pas tenu ma promesse. »
Lorque Jacob se réveille, il n'éprouve plus
de peur, mais une grande confiance.
Il pense : « Dieu est avec moi. Je suis sur
le bon chemin. » Il se dit aussi : « Dieu
est là, et je ne le savais pas. La maison
de Dieu est ici, c'est la porte du ciel.
Cet endroit est sacré. » Il prend
la pierre qui lui a servi d'oreiller,
la dresse pour en faire une stèle
et verse de l'huile dessus.

Il baptise cet endroit « Béthel », ce qui signifie « la maison de Dieu ». Il promet à Dieu qu'il lui construira là une maison lorsque sa prédiction se sera réalisée. Le rêve magnifique qu'a fait Jacob l'a transformé. Désormais, il n'est plus un traître qui trompe les autres. Il est béni de Dieu et Dieu lui fait confiance.

Jacob et Rachel

Genèse 29,1-30,2.22-24

Confiant, Jacob reprend sa marche vers Harân, où habite Laban, le frère de sa mère, Rebecca. Juste avant d'entrer dans la ville, près d'un puits, Jacob rencontre Rachel, la fille de Laban. C'est une très belle bergère. « Je suis ton cousin », lui dit Jacob, et Rachel le conduit à son père. Celui-ci est ravi de la visite de Jacob et lui souhaite la bienvenue. Jacob reste à Harân et travaille pour Laban comme berger. Au bout d'un mois, Laban lui demande quel salaire il doit lui donner. Jacob répond : « Je suis prêt à travailler pour rien durant sept ans, si tu me permets d'épouser ta fille Rachel ensuite. » Laban est d'accord. Jacob aime tant Rachel que les années passent aussi vite qu'une journée. Au bout de sept ans, il va voir Laban et lui dit : « J'ai fait mon temps. Maintenant, je veux épouser Rachel. » Laban organise une grande fête, à laquelle il invite tous les voisins. Mais il trompe Jacob. À la nuit tombée, il envoie à Jacob sa fille aînée Léa à la place de Rachel. Léa n'est pas très belle et ses yeux ne sont pas vifs. Ce n'est qu'au petit matin que Jacob se rend compte que ce n'est pas Rachel mais Léa qui est allongée à ses côtés. Il va voir Laban pour lui demander des comptes. Mais Laban répond : « C'est ainsi, chez nous : une fille ne peut pas se marier avant ses grandes sœurs. C'est pour cela que je t'ai donné Léa. Passe la semaine de noces avec elle, puis tu pourras te marier avec Rachel, à condition que tu travailles à nouveau sept années pour moi. » Jacob accepte, et une semaine après, il épouse Rachel. Il a donc deux femmes, mais à cette époque c'est la coutume.

Léa a rapidement de nombreux fils et une fille. Rachel, elle, ne tombe pas enceinte. Elle jalouse sa sœur et dit à Jacob : « Donne-moi donc enfin un fils ! » Jacob répond : « Je ne suis pas Dieu. » Dieu finit par avoir pitié de Rachel. Elle tombe enceinte et donne naissance à un fils, qu'elle nomme Joseph.

Jacob se bat avec un ange

Genèse 32,2-29 ; 33,1-4

Jacob travaille de longues années pour Laban. Maintenant, il veut revoir son pays. Depuis sa fuite, il s'est enrichi : désormais, il possède un grand troupeau. Avec ses femmes et ses enfants, avec tous ses serviteurs et ses servantes, avec tous ses animaux, il lève le camp pour prendre la direction de Canaan. Il décide d'envoyer un messager à Ésaü : « Tu lui diras que je m'apprête à lui rendre visite et que j'espère qu'il n'est plus en colère contre moi. » Le messager revient et annonce à Jacob qu'Ésaü vient à sa rencontre avec quatre cents hommes.

Jacob prend peur. Il croit qu'Ésaü veut se battre. Il fait traverser le fleuve Yabboq à ses femmes, ses enfants et toute sa tribu, et reste seul dans la nuit, à l'écart. Un étranger vient vers lui et l'attaque. C'est un ange de Dieu. Toute la nuit, ils se battent. À la fin, l'ange dit à Jacob : « Lâche-moi ! Le jour se lève ! » Mais Jacob répond : « Je ne te laisserai que lorsque tu m'auras béni. » L'ange bénit Jacob et lui donne un nouveau nom : « Maintenant, tu ne t'appelleras plus Jacob, le traître, mais Israël, celui qui a combattu Dieu. »

Jacob n'a plus peur de son frère. Lorsque les deux frères se rejoignent le lendemain, ils s'embrassent. Ils sont enfin réconciliés.

Joseph rêve

Genèse 37,1-11

Jacob vit à Canaan avec ses douze fils. Joseph, l'avant-dernier, est son préféré, car c'est Rachel qui l'a mis au monde. Joseph a dix-sept ans, il mène paître les chèvres et les brebis avec ses frères. Le soir, lorsqu'ils reviennent au camp, Joseph ne manque jamais de raconter à son père tout ce que ses frères lui ont fait de mal. Comme Jacob l'aime beaucoup, il lui fait faire un magnifique manteau de toutes les couleurs. Les frères se rendent bien compte que leur père préfère Joseph. C'est pour cela qu'ils le haïssent. Quand ils sont seuls, ils n'arrêtent pas de pester contre lui.

Une nuit, Joseph fait un rêve et le raconte à ses frères : « Écoutez ce que j'ai rêvé ! Nous étions dans un champ, en train de lier des gerbes de blé. Mes gerbes se dressaient toutes seules, bien droites, sans tomber. Les vôtres les encerclaient et s'inclinaient profondément devant elles. » Ce rêve énerve les frères. Ils disent à Joseph : « Tu veux être notre roi ou quoi ? Tu veux nous dominer ? » Ils se mettent à le haïr encore plus et l'excluent de leur groupe.

Peu après, Joseph fait un deuxième rêve. Et, bien que le premier ait beaucoup énervé ses frères, il le leur raconte. « J'ai rêvé que le soleil, la lune et onze étoiles s'inclinaient profondément devant moi. » Jacob, leur père, a écouté lui aussi. Ce récit ne lui plaît pas, même si Joseph est son fils préféré. Il dit : « Qu'est-ce que c'est que ce rêve ? Ta mère, tes frères et moi, nous devrions nous aplatir sur le sol devant toi ? » Malgré tout, Jacob n'arrête pas de penser à ce rêve. Il sent que Joseph est quelqu'un d'exceptionnel et que Dieu a de grandes ambitions pour lui. Les frères, eux, sont de plus en plus agacés par la présence de Joseph. Ils sont jaloux et remplis de haine. Et ils réfléchissent au moyen de lui nuire.

Joseph est vendu

Genèse 37,12-36

Peu de temps après, les frères de Joseph font paître le bétail aux abords de la ville de Sichem. Jacob envoie Joseph pour voir si tout se passe bien. Joseph part, mais ne trouve pas ses frères. Un homme le voit aller et venir dans le pré et lui demande : « Que cherches-tu ? » Joseph répond : « Je cherche mes frères ! Dis-moi où ils sont, eux et le troupeau ! » L'homme lui indique le chemin.

Les frères le voient arriver de loin. Ils échangent quelques mots : « Voilà Monsieur le Rêveur ! Tuons-le et jetons-le dans une de ces citernes. Nous dirons à notre père qu'il a été dévoré par une bête sauvage. Nous verrons bien ce que deviendront ses rêves ! »

Mais Ruben, l'un des frères, n'est pas d'accord avec ce plan et veut sauver Joseph. Il dit : « Ne commettons pas de meurtre ! Jetez-le dans la citerne, dans le désert, mais ne le tuez pas. » Lorsque Joseph arrive, ils lui enlèvent le beau manteau que son père lui avait offert et le jettent dans la citerne. Elle est vide. La terre est si sèche qu'il n'y a pas d'eau au fond. Et voilà Joseph assis au fond. Il n'a aucune chance d'en sortir par la seule force de ses bras. Mais il se souvient de ses rêves. Ils lui ont montré qu'il deviendra un grand homme. Il a peur mais espère très fort que Dieu le sortira de ce trou.

Les frères sont en train de manger lorsqu'ils voient passer une caravane de la tribu d'Ismaël. La caravane fait route vers l'Égypte, pour y vendre ses marchandises. Juda, l'un des frères, a alors une idée. Il dit : « Que nous rapportera la mort de notre frère ? Rien ! Vendons-le plutôt à ces marchands ! Nous en serons débarrassés pour toujours. » Les frères sont d'accord. Ils hissent Joseph hors de la citerne et le vendent aux Ismaélites pour vingt pièces d'argent. Ces derniers l'emmènent avec eux en Égypte. Là-bas, ils le vendent à Potifar, un officier de Pharaon, le commandant de sa garde.

Ruben n'était pas là lorsque ses frères ont tiré Joseph de la citerne pour le vendre à la caravane. Lorsqu'il regarde au fond de la citerne, il déchire ses vêtements en se lamentant : « Le petit n'est plus là ! Que vais-je faire ? » Il attendait une occasion pour le délivrer. Mais Joseph n'est plus là.

Les frères tuent un bouc et trempent le manteau de Joseph dans son sang. Ils font apporter le manteau à leur père avec le message suivant : « Voici ce que nous avons trouvé. Vérifie s'il s'agit bien du manteau de ton fils. » Lorsque Jacob voit le manteau taché de sang, il crie : « Une bête sauvage l'a dévoré ! Mon fils est mort ! » Jacob déchire ses vêtements et passe des habits de deuil. Il porte le deuil de son fils pendant de longs jours et personne ne peut le consoler.

Joseph est opprimé

Genèse 39,1-20

Joseph travaille au service de Potifar. Dieu est avec lui, et tout ce que fait Joseph lui réussit. Potifar, son maître, est heureux d'avoir un si bon esclave et lui confie tout ce qu'il posséde. Dieu bénit la maison de Potifar, parce que Joseph s'occupe si bien de tout.

Joseph est un beau jeune homme. La femme de Potifar s'en est rendu compte et en est tombée amoureuse. Un jour, elle lui dit : « Viens, sois mon amant ! » Mais Joseph refuse. Il dit : « Comment pourrais-je trahir mon maître, qui m'a tout confié ? Il n'y a que toi qu'il ne veut pas partager. Comment pourrais-je faire tant de mal et fauter contre Dieu à ce point ? » Mais la femme de Potifar insiste.

Un jour que Potifar est en voyage et qu'ils sont seuls dans la maison, elle l'attrape par ses vêtements et l'attire à elle. Mais Joseph se dégage en abandonnant ses habits et se précipite dehors, tout nu. La femme de Potifar se met à crier et appelle les serviteurs : « Regardez ce qu'a fait Joseph ! Il est venu vers moi et a voulu me forcer. J'ai crié. En entendant mes cris, il a abandonné ses vêtements pour s'enfuir. » Les serviteurs aiment beaucoup Joseph, et cette histoire les déçoit. Car ils croient ce que leur dit la femme de leur maître.

La femme de Potifar garde les vêtements de Joseph pour les montrer à son mari dès son retour de voyage. Elle lui raconte les mêmes mensonges. Potifar la croit, lui aussi, et entre dans une grande colère. Il fait attraper Joseph et le jette en prison, là où sont enfermés les prisonniers du roi.

Joseph en prison

Genèse 39,21-40,23

Même en prison, Joseph se sent béni de Dieu. Très rapidement, il gagne la confiance du geôlier. Ce dernier lui demande de s'occuper de tous les autres prisonniers qui sont dans le cachot. Joseph accomplit toutes ses tâches à sa place. Et Dieu protège Joseph : tout ce qu'il fait lui réussit.

Un jour, deux nouveaux prisonniers y sont traînés. L'un est l'échanson de Pharaon : il est chargé de lui servir à boire. L'autre est le boulanger de la cour. Le geôlier demande à Joseph de s'occuper de ces deux prisonniers royaux. Une nuit, ils font tous les deux le même rêve. Lorsque Joseph vient les voir le lendemain matin, il est frappé par leurs tristes mines. Il demande : « Que se passe-t-il ? Pourquoi avez-vous l'air si sombre aujourd'hui ? » Ils lui répondent : « Nous avons fait un rêve. Mais il n'y a personne, ici, qui puisse nous expliquer ce qu'il signifie. »

Joseph dit alors : « Dieu me le dira peut-être ! Racontez-moi votre rêve. »L'échanson raconte son rêve : « Dans mon rêve, il y a un cep de vigne. Sur le cep, il y a trois sarments, qui portent des boutons. Les boutons éclosent, des fleurs apparaissent et des grappes de raisins mûrissent déjà. J'ai la coupe de Pharaon dans la main. Je cueille les raisins et les écrase dans la coupe, avant de la tendre à Pharaon. » Joseph réfléchit un instant, puis il dit : « Les trois sarments, ce sont trois jours. Dans trois jours, Pharaon te fera appeler et te rendra ta charge d'échanson. Tu lui tendras sa coupe comme autrefois. Mais pense bien à moi, quand tu auras retrouvé ta place ! Parle de moi à Pharaon et fais-moi sortir de cette prison ! » En entendant Joseph interpréter aussi bien le rêve du goûteur, le boulanger ose à son tour raconter le sien : « J'ai rêvé de trois paniers remplis de pains et de gâteaux que je devais apporter à Pharaon. Mais les oiseaux du ciel picoraient tout le contenu des paniers. » Cette fois, Joseph n'a rien de bon à dire. Au contraire : les trois paniers signifient eux aussi trois journées. Dans trois jours, Pharaon enverra chercher le boulanger et le fera pendre. Les oiseaux viendront se nourrir de sa chair.

Trois jours plus tard, tout se passe comme Joseph l'a prédit. C'est l'anniversaire de Pharaon et un festin est préparé. Pharaon fait venir l'échanson et le boulanger devant tous les invités. Il prend à nouveau l'échanson à son service mais fait pendre le boulanger. L'échanson voit que tout se déroule comme Joseph l'a dit. Mais il oublie la demande de Joseph et ne parle pas de lui à Pharaon. Joseph reste encore longtemps en prison.

Joseph interprète les rêves de Pharaon

Genèse 41,1-41

Deux ans s'écoulent. Joseph est toujours en prison. Pharaon fait alors un rêve : il se tient au bord du Nil quand sept superbes vaches, bien nourries, en sortent et se mettent à paître sur la rive. Peu après, sept autres vaches sortent de l'eau à leur tour. Elle sont laides et efflanquées. Et ces vaches laides et efflanquées dévorent les sept superbes vaches bien nourries. Cela réveille Pharaon. Il se rendort et fait un second rêve : une tige porte sept épis, beaux et gros. Sept autres épis poussent, frêles et desséchés par le vent d'est. Les sept épis desséchés engloutissent les sept beaux épis. Et Pharaon se réveille à nouveau.

Ces deux rêves l'ont troublé. Il réfléchit longtemps sans pouvoir leur trouver un sens. Mais il ne parvient pas à les oublier. Il fait donc venir tous les sages, tous les devins et tous les traducteurs de rêves d'Égypte et leur raconte ses deux rêves. Personne ne peut les interpréter. L'échanson se souvient alors de Joseph. Il va voir Pharaon et lui raconte les rêves que lui et le boulanger avaient faits en prison. Il parle des explications de Joseph, et dit que tout s'est passé comme il l'avait prévu. Pharaon fait chercher Joseph, lui raconte ses rêves et lui demande ce qu'ils signifient. Joseph répond : « Ce n'est pas moi qui sais interpréter les rêves, mais Dieu. C'est lui qui te répondra. » Et, avec l'aide de Dieu, Joseph explique à Pharaon ses deux rêves : « Dieu t'annonce ses intentions : les sept belles vaches symbolisent sept années, tout comme les sept beaux épis. Mais les sept vaches maigres et les sept épis chétifs représentent aussi sept années. Tes deux rêves n'en sont qu'un. Sept années vont venir, durant lesquelles l'Égypte sera fertile et prospère. Mais sept autres années leur succéderont, durant lesquelles régnera la famine. L'abondance sera oubliée et la sècheresse affamera le pays. »

Joseph conseille à Pharaon de choisir un homme sage et intelligent pour mettre de côté des provisions durant les sept années d'opulence, afin que le peuple ne meure pas de faim durant les années de famine, et de lui confier la gouvernance de l'Égypte.

Pharaon apprécie l'interprétation de Joseph. Son conseil lui plaît aussi. Il lui dit alors : « Tu seras mon représentant. Un seul mot de ta part et mon peuple s'inclinera. » C'est ainsi que Joseph se retrouve à la tête de l'Égypte.

Joseph à la tête de l'Égypte

Genèse 41,42-57

Lorsque toute la cour a accepté la décision de Pharaon de donner à Joseph tous les pouvoirs, une grande fête est organisée. Pharaon retire son anneau du pouvoir et le glisse au doigt de Joseph. Il l'habille de somptueux vêtements et lui passe une chaîne en or autour du cou. Puis il le fait monter dans son deuxième char personnel. Ses serviteurs devancent le char et crient : « Place ! Place ! » Ainsi, tous savent que l'homme qui arrive est l'envoyé de Pharaon. Pharaon dit à Joseph : « Je suis Pharaon. Mais personne en Égypte ne doit bouger un petit doigt ou un orteil sans ta permission. » Pharaon délègue ainsi à Joseph un pouvoir immense : il doit régler tout ce qu'il se passe en Égypte. Pharaon donne aussi à Joseph une épouse égyptienne, Osnât, la fille de Potifera, un des grands prêtres du pays.

Joseph a trente ans lorsque Pharaon fait de lui son bras droit. Tout le mal que lui ont fait ses frères autrefois, il l'a oublié. Le mal que lui a causé la femme de Potifar, quand elle l'a fait condamner à tort et jeter en prison, ce mal-là s'est transformé en bien. Joseph se met à circuler dans toute l'Égypte. Durant les sept années d'abondance, il fait engranger une grande partie des céréales du pays dans les villes. Dans chaque ville, il fait construire d'immenses silos pour conserver le grain des alentours. Durant cette même période, il a deux fils. Joseph appelle le premier Manassé. Ce nom signifie « Celui qui fait oublier ». Joseph dit : « Dieu m'a permis d'oublier tous mes soucis et de ne plus penser à ma famille. » Il nomme son second fils Éphraïm, ce qui signifie « le Fécond ». Car Joseph dit : « Dieu m'a permis d'être fécond dans le pays de mon malheur. »

Les sept années fertiles s'écoulent, et les sept années de sécheresse commencent. Les Égyptiens souffrent de la faim. Ils vont voir Pharaon pour réclamer du pain. Mais Pharaon répond : « Allez voir Joseph et faites ce qu'il vous dit ! » Lorsque la famine devient encore plus grande, Joseph fait ouvrir les silos qu'il a fait installer dans tout le pays. Et chacun peut s'y procurer des céréales. C'est ainsi que, grâce à sa prévoyance, Joseph atténue la famine en Égypte. Mais il n'y a pas qu'en Égypte que les gens souffrent de la faim. Le monde entier subit la sécheresse, et plus aucune pousse ne sort de terre. Tous se pressent vers l'Égypte, car c'est le seul endroit du monde où l'on puisse encore acheter des céréales, grâce à l'intelligence de Joseph.

Joseph a agi en se fiant aux rêves. La plupart des autres rois dirigent leurs pays au jour le jour. Ils pensent que tout finira par bien se passer. Les rêves de Pharaon, que Joseph a interprétés avec l'aide de Dieu, l'ont conduit à une organisation sans failles. Le monde entier profite un peu de la prévoyance de Joseph et de sa confiance en Dieu, qui nous indique souvent par des rêves comment nous devons agir.

Joseph reçoit ses frères

Genèse 42,1-43,34

À Canaan aussi, la famine sévit. Jacob a appris que l'on peut acheter des céréales en Égypte. Il dit alors à ses fils, qui ne savent pas quoi faire contre la faim : « Qu'est-ce que vous attendez ? J'ai entendu dire que l'on peut acheter des céréales en Égypte. Allez-y et rapportez-en, pour que nous restions en vie et qu'aucun de nous ne meure de faim. »

Les dix frères de Joseph prennent donc la route de l'Égypte, sur ordre de leur père, pour y acheter des céréales. Benjamin, le plus jeune fils de Jacob, reste à Canaan auprès de son père. Sa mère, c'est Rachel, la mère de Joseph : c'est pourquoi, Jacob tient beaucoup à lui. Il craint qu'il ne lui arrive un malheur s'il part avec ses frères pour l'Égypte.

Une immense foule se presse pendant ce temps-là aux portes de l'Égypte, et les dix frères de Joseph en font partie. Ils finissent par arriver devant Joseph, qui vend les céréales, et s'agenouillent devant lui. En les voyant, Joseph reconnaît ses frères, mais ne dévoile pas sa propre identité. Au contraire, il les accueille avec rudesse : « D'où venez-vous ? » Ils répondent : « Du pays de Canaan, et nous venons acheter des céréales pour faire du pain. » Joseph réplique sévèrement : « Vous êtes des espions ! Vous êtes venus pour nous surveiller. » Les frères répondent en tremblant : « Non, Maître, nous sommes tes serviteurs, venus pour acheter de la nourriture. Nous sommes tous les fils d'un même homme. Nous sommes honnêtes. » Mais Joseph les accuse à nouveau d'être des espions. Ils lui racontent alors leur histoire : « Nous étions douze frères. Le plus jeune est resté aux côtés de notre père. Et l'un d'entre nous n'est plus en vie. » Joseph dit alors : « Je vais vous mettre à l'épreuve. Que l'un d'entre vous retourne chez votre père et m'en ramène votre plus jeune frère. » Puis il les fait jeter en prison pour trois jours. Le troisième jour, il leur dit : « Bon, vous pouvez rentrer chez vous. Mais l'un d'entre vous restera ici en prison, jusqu'à ce que vous soyez revenus avec votre jeune frère. »

Les frères se mettent à parler entre eux : « C'est notre faute ! Nous sommes coupables de la mort de notre frère Joseph ! Nous avons vu de nos yeux à quel point il avait peur de mourir. Nous n'avons pas écouté ses supplications. Aujourd'hui, si nous subissons tous ces malheurs, c'est à cause de ça. » Ils ne se doutent pas que Joseph les écoute, car il a pris soin, jusqu'à présent, d'utiliser un interprète pour parler avec eux. En les entendant parler, Joseph détourne son visage et pleure. Puis il revient vers eux et fait mettre son frère Siméon en prison.

Les autres frères repartent pour Canaan avec les sacs de grain. Le premier soir, lorsqu'ils font étape dans une auberge, ils se rendent compte que chaque sac contient aussi l'argent qu'ils ont utilisé pour payer. Ils prennent peur : et si on les accuse d'être des voleurs ? Quand ils arrivent chez leur père Jacob, ils lui disent : « Nous devons amener Benjamin au gouverneur d'Égypte. » Jacob refuse : « Joseph est mort. Si Benjamin meurt lui aussi, le chagrin me tuera. » Mais la famine se fait plus sévère et Jacob finit par accepter de laisser partir Benjamin avec ses frères. Il leur donne des cadeaux à offrir à Joseph, et l'argent à rembourser, pour qu'on ne les accuse pas de vol.

Les frères retournent donc voir Joseph. Lorsque Joseph aperçoit

Benjamin, qui a la même mère que lui, Rachel, il ordonne à son majordome de tuer un animal et d'en préparer un repas. Il veut déjeuner avec ces gens. Les frères parlent avec le majordome et lui racontent avec angoisse qu'ils ont retrouvé l'argent de l'achat des céréales dans leurs affaires, lors de leur premier voyage. Le majordome répond calmement : « J'ai bien encaissé votre argent. Votre Dieu vous a fait un cadeau. »

Les frères préparent les cadeaux qu'ils ont apportés pour leur hôte. Quand Joseph arrive pour le déjeuner, ils les lui offrent. Joseph prend des nouvelles de leur vieux père : « Comment va votre père, dont vous m'avez parlé la dernière fois ? » Ils répondent : « Notre père est ton serviteur. Il va bien. Il est toujours vivant. » Joseph se renseigne alors sur Benjamin : « Est-ce là votre jeune frère, dont vous m'avez parlé la dernière fois ? » En entendant ses frères acquiescer, Joseph est tellement ému que des larmes lui montent aux yeux. Il se retire dans sa chambre et pleure. Puis il se lave le visage, et ordonne qu'on apporte les plats pour le repas. Les frères sont surpris qu'on leur serve des mets aussi riches. Benjamin, le plus jeune, reçoit la nourriture la plus fine. Il y a du vin à boire. Tout le monde est gai et joyeux.

Joseph pardonne à ses frères

Genèse 44,1-47,12

À la fin du repas, Joseph ordonne à son majordome : « Remplis les sacs de grain de ces gens avec autant de céréales qu'ils pourront porter. Ajoute dans chaque sac l'argent correspondant. Et dans le sac du plus jeune, glisse ma coupe d'argent. » Le lendemain matin, les onze frères prennent le chemin du retour. Peu après leur départ, Joseph ordonne à son majordome : « Allez ! File à leurs trousses ! Quand tu les auras rattrapés, dis-leur : "Pourquoi avez-vous rendu le mal pour le bien et volé la coupe d'argent ?" » Le majordome a tôt fait de les rattraper. Mais à ses accusations les frères répondent : « Jamais nous ne ferions une chose pareille. Mais, si tu trouves cette coupe chez l'un d'entre nous, il devra mourir. Et tous les autres seront les esclaves de ton maître. »

Le serviteur fouille les sacs. Il trouve la coupe dans le sac de Benjamin. Voyant cela, les frères déchirent leurs vêtements et retournent à la ville avec tous les sacs. Là, ils s'agenouillent devant Joseph. Ce dernier leur parle avec sévérité : « Qu'avez-vous fait ? » Juda s'avance et dit : « Dieu a révélé au grand jour notre faute. Désormais, nous sommes tes esclaves. » Mais Joseph répond : « Non ! Il n'y a que le plus jeune, Benjamin, qui sera mon esclave. Vous autres, vous devez retourner voir votre père. » Juda répond : « Nous ne pourrons reparaître devant notre père sans lui ramener son plus jeune fils. Il en mourrait de chagrin. Je serai ton esclave à la place de Benjamin. Je ne supporterais pas de causer un tel chagrin à mon père. »

En entendant cela, Joseph ne peut s'empêcher de pleurer. Il fait sortir tous les Égyptiens de la pièce. Puis il sanglote si fort que cela s'entend dans toute la maison. Et il dit à ses frères : « Je suis Joseph, votre frère, celui que vous avez vendu à la caravane de marchands. » Les frères ne peuvent prononcer un mot, ils sont ébahis. Joseph poursuit : « Ne vous en voulez pas de m'avoir vendu ! Ce n'est pas vous qui m'avez envoyé en Égypte. C'est Dieu, pour que je sauve ce peuple. Il m'a fait régner sur tout le pays. Retournez vite voir notre père et dites-lui de ma part : "Rejoins-moi en Égypte avec toute la famille. Tu pourras t'installer à Goshên, à mes côtés. Je m'occuperai de toi jusqu'à la fin de ta vie." » Puis Joseph tombe dans les bras de Benjamin et pleure. Benjamin pleure aussi. Joseph embrasse chacun de ses frères.

C'est ainsi que le mal que ses frères ont infligé à Joseph trouve une belle issue. Dieu a transformé tout le mal en bien. Il a délivré Joseph de la citerne et a fait de lui le gouverneur de l'Égypte. Joseph est une bénédiction pour l'Égypte et pour sa propre famille. La nouvelle que Joseph a retrouvé ses frères se répand vite. Pharaon dit à Joseph : « Dis à tes frères : "Équipez vos bêtes de somme et retournez à Canaan. Allez chercher notre père et vos familles et revenez chez moi. Je vous donnerai le meilleur de ce que l'Égypte peut produire." » Et il leur fait donner des chariots pour qu'ils rapportent leurs biens de Canaan jusqu'en Égypte. Les frères repartent donc vers Canaan et en reviennent avec Jacob, leurs familles et tous leurs biens. Ils s'installent en Égypte.

Tout va bien pour eux en Égypte. Mais Jacob vieillit et meurt. Joseph et ses frères retournent à Canaan pour l'enterrer là-bas, car Joseph a promis cela à Jacob. Lorsqu'ils reviennent tous ensemble en Égypte, les frères sont inquiets : « Et si Joseph change d'avis ? » Ils lui demandent alors s'il veut bien leur pardonner leur faute. Joseph se met à pleurer. Il répond : « Ne craignez rien ! Je ne suis pas Dieu ! Vous aviez de mauvaises intentions à mon égard, mais Dieu en avait de bonnes. » Il console ses frères et ils vivent désormais en paix tous ensemble en Égypte.

Moïse est sauvé

Exode 1 ; 2,1-22

La famille de Jacob se multiplie rapidement. En Égypte, elle constitue un peuple entier. On l'appelle le peuple des Israélites, en souvenir du combat de Jacob contre l'ange : après ce combat, il avait reçu le nom d'Israël. Le plus souvent, on dit « les Hébreux ». Les Hébreux sont heureux en Égypte. Un nouveau Pharaon monte sur le trône. Il n'a connu ni Joseph ni Jacob. Il prend peur en voyant la puissance de tous les Hébreux qui habitent son pays. « Que se passera-t-il si une guerre éclate ? Peut-être prendront-ils le parti de l'ennemi ? Peut-être se retourneront-ils contre nous ? » Pharaon décide donc de les traiter avec dureté. Les Égyptiens asservissent les Hébreux : ils en font leurs esclaves. Mais plus les Égyptiens sont cruels avec eux, plus les Hébreux donnent naissance à des enfants. Alors Pharaon ordonne à leurs sages-femmes de tuer tous les bébés garçons dès la naissance, et de ne laisser la vie sauve qu'aux petites filles. Mais les sages-femmes refusent d'exécuter l'ordre du Pharaon. Alors celui-ci ordonne aux Égyptiens : « Jetez dans le Nil tous les garçons que les Hébreux mettront au monde ! » Un jour, une jeune femme israélite met au monde un garçon. Pour qu'il ne soit pas tué, elle le cache aux Égyptiens. Mais, au bout de trois mois, il n'est plus possible de le tenir à l'écart. Elle prend alors un panier de roseaux qu'elle enduit de poix et de goudron pour le rendre étanche. Elle y installe le bébé et dépose le panier sur la rive du Nil, dans les joncs. La sœur du petit garçon se poste un peu plus loin pour observer la scène.

La fille de Pharaon arrive alors pour se baigner. Elle aperçoit le panier dans les joncs et envoie sa servante le chercher. Lorsqu'elle ouvre le panier, que voit-elle ? Un bébé en train de pleurer. La fille de Pharaon a pitié. Elle dit : « C'est un enfant hébreu. » La sœur du bébé s'approche alors : « Dois-je aller chez les Hébreux chercher une nourrice, pour qu'elle l'allaite ? » La fille de Pharaon acquiesce.

La sœur va donc chercher sa mère et revient la proposer comme nourrice. La fille de Pharaon lui confie l'enfant en disant : « Prends-le et nourris-le. Je te donnerai de l'argent pour cela. » Ainsi, le bébé peut grandir chez sa propre mère. Au bout de quelques années, sa mère le ramène à la fille de Pharaon. La princesse l'élève comme son propre fils et lui donne le nom de Moïse, ce qui signifie « Tiré hors de l'eau ». Moïse devient un jeune homme grand et fort.

Un jour, Moïse sort et voit un Égyptien frapper un Hébreu. Il se met en colère. Il regarde de tous les côtés, puis se jette sur l'Égyptien, le tue et dissimule son corps dans le sable. Mais le geste de Moïse n'est pas passé inaperçu. Pharaon l'apprend et exige que Moïse soit tué. Contraint de fuir l'Égypte, Moïse se rend à Mâdiân pour se cacher.

À Mâdiân, Moïse se marie avec Tsippora, la fille du prêtre Jethro. Ensemble, ils ont un fils, que Moïse nomme « Guershom », ce qui veut dire « l'Étranger ». Mais pour Moïse : « Je suis un hôte dans un pays étranger. »

Moïse reçoit un ordre de Dieu

Exode 3,1-4,20

Un jour, Moïse fait paître les moutons et les chèvres de son beau-père. Il amène son troupeau jusqu'au mont Horeb. Il aperçoit alors un buisson d'où sort une grande flamme. Mais le buisson, lui, ne brûle pas. Moïse se dit : « Allons voir ce buisson de plus près. Est-il possible qu'il ne brûle pas ? » Soudain, il entend une voix : « Moïse ! Moïse ! » Moïse répond : « Je suis là. » Alors, Dieu lui parle : « N'approche pas ! Enlève tes chaussures, car le lieu où tu te tiens est sacré. Je suis le Dieu de ton Père, le Dieu d'Abraham, le Dieu d'Isaac, le Dieu de Jacob. » Moïse se cache le visage de ses mains. Il craint de regarder Dieu en face. Dieu poursuit : « Je vois l'oppression de mon peuple en Égypte. Je l'ai entendu se plaindre de ceux qui l'oppriment. Je connais sa souffrance. Je suis descendu pour délivrer mon peuple et le conduire vers un pays beau et fertile, où coulent le lait et le miel. » Dieu encourage Moïse : « Va voir Pharaon ! Guide mon peuple hors d'Égypte ! » Moïse prend peur et répond :

« Qui suis-je donc pour aller voir Pharaon et faire sortir mon peuple d'Égypte ? » Dieu lui dit alors : « Je suis avec toi. Cela devrait te suffire. » Moïse s'interroge : « Si je vais voir les Hébreux en leur disant : "C'est le Dieu de vos pères qui m'envoie", ils vont me demander : "Comment s'appelle-t-il donc ?" » Dieu répond : « Je m'appelle "Je suis là". Dis à mon peuple : "Je suis là m'a envoyé." C'est mon nom pour toujours. »

Moïse hésite encore à accepter la mission de Dieu. Il lui dit : « Que se passera-t-il s'ils ne croient pas que Dieu m'est apparu ? » Dieu lui ordonne de jeter son bâton de berger à terre. Le bâton se transforme en serpent. « Attrape-le par la queue. » Et le serpent redevient un bâton. Malgré cela, Moïse a toujours des doutes. « Seigneur, je ne sais pas bien parler. Je bégaie. Ma langue et ma bouche sont lourdes. » Dieu balaie cette excuse : « Je suis avec toi et je te dirai quoi dire. » Moïse se défend : « S'il te plaît, Seigneur, envoie quelqu'un d'autre ! » Dieu s'impatiente : « Eh bien, prends ton frère Aaron avec toi. Il parle bien, lui. Il annoncera au peuple ce que je te dirai. »

Après cet évènement, Moïse quitte son beau-père Jethro. Il prend sa femme et son fils, les assoit sur un âne et retourne vers l'Égypte. Il ne lâche pas son bâton de berger. Il fait confiance à Dieu : ce bâton qu'il tient le protégera.

Moïse va voir Pharaon

Exode 4,27–6,12

Moïse va d'abord voir son frère et lui raconte tout ce que Dieu lui a demandé de faire. Puis les deux frères rassemblent les membres les plus âgés du peuple. Aaron leur fait part de ce que Moïse lui a annoncé. Enfin, Moïse et Aaron se rendent chez Pharaon. Ils lui disent : « Ainsi parle le Dieu d'Israël : "Laisse partir mon peuple, pour qu'il célèbre une fête pour moi dans le désert !"» Pharaon réplique : « Je ne connais pas le Dieu d'Israël. Et je ne vous laisserai certainement pas partir. » Moïse et Aaron essayent de convaincre Pharaon une seconde fois : « Nous voulons juste aller à trois jours de marche dans le désert pour sacrifier un animal en l'honneur de notre Dieu. » Mais Pharaon répond : « Pourquoi voulez-vous inciter votre peuple à ne rien faire ? Allez-vous en ! Retournez travailler ! » Pharaon a peur que les Hébreux ne profitent de ce sacrifice pour ne pas travailler durant une semaine entière. Leur foi lui est égale, ce qu'il veut, c'est qu'ils fassent leur travail.

La discussion avec Pharaon a des conséquences dramatiques pour les Hébreux. Le jour même, Pharaon ordonne aux chefs de corvée d'augmenter leur travail. Jusqu'à présent, ils leur donnaient de la paille pour qu'ils fabriquent des briques. Désormais, il faut que les esclaves hébreux aillent eux-mêmes chercher la paille, tout en fabriquant autant de briques qu'auparavant. Les Hébreux se mettent à chercher de la paille dans tout le pays. Mais il leur est impossible de continuer à façonner autant de briques ! Les chefs de corvée les fouettent. Les représentants des Hébreux vont se plaindre à Pharaon : « Pourquoi infliges-tu cela à tes esclaves ? On ne nous donne plus de paille et nous devons fabriquer toujours autant de briques. Ce n'est pas possible ! » Pharaon s'entête et répond : « Vous n'êtes que des paresseux ! Débrouillez-vous pour y arriver ! »

En revenant du palais de Pharaon, les représentants des Hébreux rencontrent Moïse et Aaron. Ils se plaignent : « À cause de vous, nous sommes tombés en disgrâce ! Maintenant, c'est pire qu'avant ! » Moïse crie à Dieu : « Pourquoi m'as-tu envoyé ? Depuis que j'ai parlé à Pharaon, il traite mon peuple encore plus durement ! » Dieu répond à Moïse : « Tu verras bien ce qui va arriver à Pharaon. Je vous ferai sortir d'Égypte. Vous êtes mon peuple et je vous protège. Je vais vous conduire vers le pays que j'ai promis à Abraham, Isaac et Jacob. » Moïse tente d'annoncer aux Hébreux ce que Dieu lui a répondu. Mais ils ne l'écoutent pas. Moïse perd courage et pense : « Si les Hébreux ne m'écoutent pas, pourquoi Pharaon m'écouterait-il, lui ? »

Dieu envoie dix plaies

Exode 7,1-12,51

Les souffrances des Hébreux en Égypte sont de plus en plus grandes. Dieu presse à nouveau Moïse d'aller demander à Pharaon de laisser partir son peuple. Dieu dit à Moïse : « S'il refuse encore, montre-lui que je suis un Dieu qui sait accomplir des prodiges. »

Moïse et Aaron se rendent chez Pharaon. Voyant que celui-ci ne les écoute pas, Aaron prend son baton et le jette à terre. Il le transforme en serpent. Cela n'impressionne guère Pharaon. Il fait venir de toute l'Égypte de nombreux devins et magiciens qui accomplissent le même tour : leurs bâtons se transforment en serpents. Mais le serpent d'Aaron engloutit les serpents des magiciens. Malgré cela, Pharaon refuse d'écouter Moïse et Aaron. Il ne veut pas reconnaître que le Dieu des Hébreux est plus puissant que tous les dieux vénérés par les Égyptiens.

Dieu ordonne à Moïse de donner à Pharaon de nouveaux signes de sa puissance, et de faire s'abattre sur l'Égypte des catastrophes, des plaies, pour adoucir le cœur de Pharaon. Moïse et Aaron se rendent à nouveau chez Pharaon. Il est en train de se baigner dans le Nil. Aaron lui dit : « Parole de notre Dieu : "Jusqu'à présent, tu ne m'as pas écouté. Maintenant, tu vas voir que je suis vraiment un dieu." » Aaron étend son bâton sur le Nil, l'eau se change en sang. Pour les Égyptiens, le Nil, c'est la vie. Il irrigue leur pays, il les nourrit de tous ses poissons. Et, tout à coup, ses eaux ne sont plus qu'un bouillon puant. Les poissons meurent et les Égyptiens ne peuvent plus boire l'eau du fleuve. Pharaon s'endurcit. Dieu fait remonter du Nil des milliers de crapauds qui

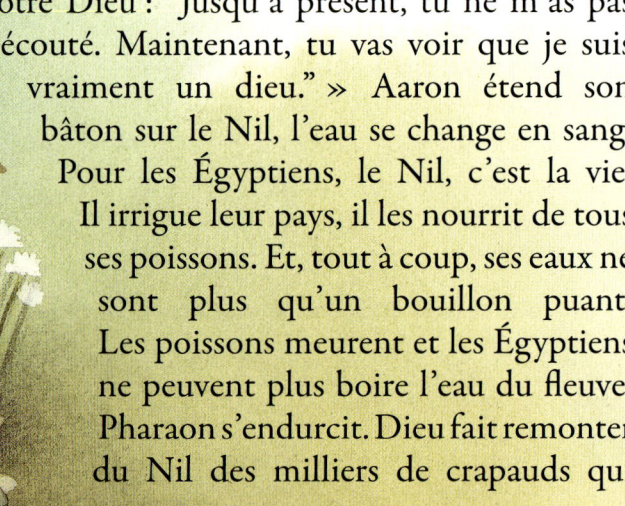

couvrent l'Égypte. Ils s'introduisent dans les maisons des Égyptiens, grouillent dans leurs lits. Pharaon prend peur. Il prie Moïse et Aaron de demander à leur Dieu de chasser les crapauds. Oui, il laissera partir le peuple israélite. Moïse et Aaron prient, et les crapauds meurent. Lorsque Pharaon voit que c'en est fini de la plaie des crapauds, il s'endurcit plus fort et ne tient pas sa promesse.

Dieu envoie les moustiques sur l'Égypte. Hommes et bêtes, tous sont frappés. Les moustiques n'épargnent personne. Mais Pharaon s'entête. Vient le tour de la vermine, qui détruit toutes les récoltes. Pharaon demande à Moïse et Aaron de faire un sacrifice à leur dieu pour que la plaie cesse. Mais, dès que la vermine disparaît, le cœur de Pharaon s'endurcit encore plus. Pharaon refuse de laisser partir le peuple. Dieu envoie la peste sur tout le bétail égyptien. Pharaon ne bouge pas. Une pluie de poussière recouvre le pays, provoquant des abcès et des furoncles sur la peau des Égyptiens. Pharaon persiste. Une violente tempête de grêle s'abat sur l'Égypte. La grêle est si forte qu'elle tue toutes les bêtes et tous les hommes qui travaillent aux champs. Pharaon se tourne vers Moïse et Aaron : « Je reconnais que votre Dieu envoie des plaies sur l'Égypte. Je vous laisserai partir si vous le priez d'arrêter. » Moïse et Aaron prient et la grêle cesse de tomber. Une nouvelle fois, le cœur de Pharaon s'endurcit et il ne tient pas sa promesse. Dieu envoie alors les sauterelles, qui mangent tout ce qui pousse en Égypte. Mais Pharaon ne se laisse pas attendrir. Enfin, le pays est plongé dans l'obscurité. Durant trois jours, il fait nuit noire. Les gens ne bougent plus, car ils ne voient rien. Cette fois encore, Pharaon reste de marbre. Il menace même de tuer Moïse si celui-ci ose encore venir le voir.

Moïse prévient les Égyptiens : « À minuit, l'ange vengeur de Dieu descendra dans chacune de vos maisons et tuera le premier-né de chaque famille. Il épargnera les maisons des fils d'Israël. » Les Hébreux marquent le linteau de leurs portes avec du sang. C'est ainsi que l'ange vengeur repère les portes des maisons où il ne faut pas qu'il pénètre. Lorsque les Égyptiens se rendent compte que tous leurs aînés meurent, un immense cri de douleur s'élève dans le pays. La nuit même, Pharaon fait chercher Moïse et Aaron et leur dit : « Partez ! Quittez immédiatement mon pays, vous deux et tout votre peuple ! » Les Hébreux s'étaient déjà préparés pour le départ. Ils demandent aux Égyptiens de leur remettre de l'or, de l'argent et des vêtements. Les Égyptiens les leur donnent volontiers, tant ils sont pressés de voir partir ce peuple qui a attiré tant de malheurs sur leur pays.

Moïse guide le peuple hors de l'Égypte

Exodus 13,17-15,21

Les fils d'Israël quittent l'Égypte, avec tout leur bétail et tous leurs biens. Ils traversent le désert pour atteindre la mer Rouge. Dieu lui-même leur montre le chemin, la nuit, dans une colonne de feu, le jour, dans une colonne de nuages.

Lorsque Pharaon constate le départ des Hébreux, son cœur s'endurcit à nouveau. Il n'a plus d'esclaves pour construire les villes d'Égypte ! Il fait atteler ses chars de combat et prend ses soldats avec lui. Il se lance à la poursuite des Hébreux avec six cents chars de combat tirés par des chevaux.

Les Égyptiens rattrapent les fils d'Israël au moment où ceux-ci atteignent le rivage. Ils aperçoivent un immense nuage de poussière et comprennent que c'est l'armée de Pharaon. La peur les saisit. Ils s'emportent contre Moïse et crient : « Il n'y avait pas assez de tombes en Égypte, pour que tu nous emmènes mourir dans le désert ? Nous préférons rester esclaves en Égypte ! » Moïse répond à son peuple : « N'ayez crainte ! Le Seigneur lui-même combat pour vous. Il va vous protéger. » Moïse ordonne à son peuple de lever le camp. Il lève son bâton et tend la main au-dessus de la mer Rouge. La mer s'ouvre et se sépare en deux, pour leur laisser un étroit passage. À droite et à gauche, l'eau se dresse comme un mur. Les Hébreux peuvent traverser la mer. L'ange de Dieu se fait colonne de nuée et se poste entre eux et les Égyptiens. Cela ralentit l'armée de Pharaon : il fait sombre tout à coup, le tonnerre gronde et des éclairs claquent. Les Égyptiens prennent peur et ne peuvent atteindre les Hébreux. Les voyant traverser la mer, les Égyptiens lancent leurs chars à leur poursuite. Dieu entrave les roues des chars égyptiens pour les ralentir. Il dit à Moïse : « Étends la main au-dessus de la mer. L'eau va se refermer. » C'est ce qui se passe : l'eau revient et engloutit les Égyptiens, leurs chars, leurs chevaux et leurs cavaliers. Il n'y a aucun survivant dans l'armée de Pharaon. Les Hébreux voient les cadavres des Égyptiens sur la plage. Ils sont impressionnés par la puissance de Dieu. Maintenant, ils croient, et font confiance à Moïse, qui agit sur ordre de Dieu. Alors Moïse adresse à son Dieu ce chant de victoire : « Je chante une louange au Seigneur. Car il est grand et puissant. Il a jeté à la mer chevaux et cavaliers. » Myriam, la sœur de Moïse et Aaron, accompagne ce chant de son tambourin. Toutes les femmes se mettent à danser derrière elle. Elles se réjouissent que les fils d'Israël aient triomphé des Égyptiens sans combattre. Car Dieu a combattu pour eux.

Le peuple traverse le désert

Exode 15,22-16,20 ; 17,1-7

Les fils d'Israël poursuivent leur chemin à travers le désert. Ils sont heureux d'être libérés de leurs oppresseurs. Au bout de trois jours, toutes leurs provisions d'eau sont épuisées. Pas de puits dans le désert ! Ils arrivent enfin à Mara. Là, il y a de l'eau. Mais ils ne peuvent la boire : elle est amère. Le peuple commence à râler et dit à Moïse : « Qu'allons-nous boire ? Nous mourrons de soif dans le désert ! » Dieu ordonne alors à Moïse de jeter son bâton dans l'eau. Moïse le fait. Aussitôt, l'eau devient douce.

Au bout de quelques semaines, le pain vient à manquer. Le peuple se plaint à nouveau et dit à Moïse et Aaron : « Nous aurions dû rester en Égypte ! Là-bas, nous avions assez de pain et de viande à manger ! Vous nous avez amenés dans le désert pour que nous y mourions de faim ! » Dieu dit à Moïse : « Je vais faire pleuvoir le pain et la viande du ciel. » Moïse et Aaron annoncent au peuple : « Ce soir, vous allez comprendre que c'est Dieu lui-même qui vous a guidés hors d'Égypte. Demain, vous verrez sa gloire. » Le soir même, une multitude de cailles se posent dans le campement. Les Hébreux peuvent manger de la viande. Tôt le matin, une couche de rosée encercle le camp. Lorsque la rosée s'évapore, il reste comme une fine couche écailleuse sur le sol du désert. Les Hébreux observent cela avec étonnement : « Qu'est-ce que c'est ? ». En hébreu : « Man hou ? » C'est le nom qu'ils donnent à cette matière étrange : la manne. Moïse leur explique : « La manne, c'est le pain que le Seigneur vous donne. Que chacun en prenne selon ses besoins, mais que personne n'en fasse de réserve : tout ce que vous ramasserez doit être consommé le jour même. » Tout le monde mange à sa faim. Mais certains, de peur de connaître à nouveau la faim le lendemain, en mettent de côté pour le jour suivant. Durant la nuit, elle s'infeste de vers et se met à puer. Moïse se met en colère : les gens ne font pas confiance à Dieu et n'écoutent pas ce que Moïse leur dit ! La traversée dans le désert se poursuit. Chaque soir, le peuple monte le camp et, quand il ne trouve pas d'eau, il se plaint auprès de Moïse et Aaron. L'impatience de son peuple et son manque de confiance envers Dieu déçoivent Moïse. « Que dois-je faire avec un peuple pareil ? Il ne manque pas grand-chose pour qu'ils me tuent ! » Dieu ordonne à Moïse de frapper un rocher de son bâton. Moïse le fait, et de l'eau claire se met à couler du rocher. Le peuple peut boire à sa soif. Moïse peine avec son peuple. Dès qu'il manque de nourriture ou d'eau, il râle. Il n'apprécie pas la liberté que Dieu lui a offerte en le libérant de l'esclavage. Il rêve toujours des plats de viande égyptiens. « Ah, nos poissons, que nous pouvions pêcher dans le Nil. Nos concombres, nos melons, nos poireaux, nos oignons et notre ail !... Maintenant, notre gorge est desséchée. Nous n'avons jamais rien d'autre à manger que la manne ! »

Moïse se décourage, à force d'entendre son peuple râler. Il dit à Dieu : « Pourquoi traites-tu ton serviteur ainsi ? Je ne peux pas porter ce peuple tout seul ! C'est trop difficile pour moi ! Si tu me traites ainsi, je préfère me tuer ! » Dieu continue de soutenir Moïse. Et il lui promet que, dans le désert, le peuple aura toujours assez de viande et de pain pour se nourrir et qu'il fera jaillir autant de sources d'eau claire qu'il le faudra.

Moïse reçoit
les Dix Commandements

Exode 19,1–20,17 ; 24 ; 31,1-8

Au cours de sa traversée du désert, le peuple arrive au pied du mont Sinaï et y dresse son camp. Moïse marche jusqu'au sommet et Dieu lui parle : « Si vous écoutez ma voix, tout se passera bien pour vous. Que le peuple se lave, s'habille de neuf et se tienne prêt pour moi. Je vais lui apparaître sur la montagne. » Moïse transmet le message. Le troisième jour, le tonnerre gronde et des éclairs traversent le ciel. De lourds nuages masquent le sommet du mont Sinaï et on entend sonner des trompes. Le peuple a peur et commence à trembler.

Sur l'ordre de Dieu, Moïse monte au sommet de la montagne malgré l'orage. Et, là-haut, Dieu dit : « Je suis Yahvé, ton Dieu, celui qui t'a fait sortir d'Égypte. Pour que tout aille bien pour ton peuple et pour qu'il jouisse de la liberté que je lui ai offerte, il faut qu'il respecte mes commandements :

1. Tu n'auras pas d'autres dieux que moi.
2. Tu n'utiliseras pas mon nom pour le mal et tu ne te prosterneras pas devant des images.
3. Tu feras du sabbat un jour sacré. Ce jour-là, tu te reposeras en l'honneur du Seigneur ton Dieu.
4. Tu respecteras ton père et ta mère pour que ta vie soit longue.
5. Tu ne tueras pas.
6. Tu ne commettras pas l'adultère.
7. Tu ne voleras pas.
8. Tu ne diras rien de faux contre ton prochain.
9. Tu ne convoiteras pas la femme d'un autre.
10. Tu ne convoiteras pas les biens d'un autre.

Dieu donne ces Dix Commandements à Moïse, dix paroles pour que le peuple puisse vivre en paix, heureux et libre.

Quand Moïse redescend de la montagne, il transmet au peuple les dix paroles. « Tout ce que Dieu demande, nous le ferons », répond le peuple, tout joyeux. Il sent que Dieu lui veut du bien. Alors Moïse construit un autel pour y sacrifier des animaux en l'honneur de Dieu. Il fait couler la moitié du sang sur l'autel. De l'autre moitié, il asperge le peuple en disant : « C'est le sang de l'alliance que le Seigneur a conclue avec vous. » Ainsi est scellée l'alliance entre Dieu et son peuple. Dieu s'engage à rester à ses côtés. Le peuple, lui, s'engage à suivre les paroles de Dieu.

Dieu demande une nouvelle fois à Moïse de monter sur le Sinaï recouvert d'un nuage. Là-haut, Dieu confie à Moïse deux tables de pierre sur lesquelles il a lui-même inscrit les Dix Paroles.

Le peuple danse autour du veau d'or

Exode 24,18 ; 32,1-33,6

Moïse reste de nombreux jours et de nombreuses nuits au sommet du Sinaï. Le peuple l'attend au pied du mont et s'impatiente. Certains finissent par dire à Aaron, le frère de Moïse : « Nous ne savons pas si Moïse va revenir. Nous ne connaissons pas ce Dieu, qui se cache dans ce nuage. Fais-nous un dieu que nous pouvons voir et toucher ! » Aaron n'ose pas contredire le peuple. Il demande aux fils d'Israël de rassembler tous leurs bijoux en or pour en façonner un veau d'or. Aaron dessine un veau, et l'on fait fondre l'or pour le couler d'après ce dessin. Aaron construit un autel pour le veau d'or et annonce : « Demain nous ferons une fête. » Le lendemain matin, tous se lèvent tôt et font une grande fête. Ils mangent et boivent gaiement. Sans crainte, ils dansent autour du veau d'or.

Dieu voit la danse joyeuse des Hébreux. Il ordonne à Moïse : « Va ! Descends ! Ton peuple, celui que tu as fait sortir d'Égypte, est en train de se pervertir. » Dieu est en colère. Il aimerait réduire son peuple à néant. Mais Moïse prend sa défense. Il calme Dieu : « Si tu anéantis le peuple dans le désert, les Égyptiens seront ravis ! Et notre fuite hors d'Égypte n'aura servi à rien ! » Dieu se laisse convaincre par Moïse. Celui-ci prend alors les deux tables de pierre sur lesquelles Dieu a lui-même écrit les dix paroles et descend rejoindre le peuple dans le désert. De loin, il entend ses cris et le voit danser joyeusement. À son tour, il est pris d'une grande colère. Il jette les tables de pierre et les brise au pied du mont. Puis il saisit le veau qu'ils ont fabriqué et le lance dans le feu. Ce que le feu n'a pas détruit, il le réduit en poussière. Et cette poussière, il la répand dans l'eau, avant de demander aux Hébreux de la boire. Il se tourne vers Aaron, son frère, et lui demande des explications. Aaron se justifie : « Tu sais bien à quel point ce peuple est

mauvais ! Je ne savais pas comment résister à leur demande. »
Moïse est choqué de voir à quel point le peuple est perverti. Malgré
cela, il implore Dieu de lui pardonner cette faute. Dieu accepte et dit
à Moïse : « Va. Conduis le peuple à l'endroit que je t'ai indiqué. Mon
ange te devancera. » Il demande à Moïse de tailler deux nouvelles
tables, sur lesquelles il écrit à nouveau les Dix Commandements. Le
peuple reprend sa route. Il regrette ce qu'il a fait. L'ange du Seigneur
guide les fils d'Israël afin qu'ils poursuivent facilement leur longue
marche dans le désert.

Moïse envoie des éclaireurs

Nombres 13,1-14,35

Le peuple s'approche enfin de Canaan, le pays que Dieu lui a promis. Sur ordre de Dieu, Moïse désigne un homme par tribu et les envoie en éclaireurs à Canaan. Il leur donne des instructions pour la route : « Commencez par traverser la plaine, puis gravissez la montagne. Regardez comment le pays est fait. Observez ses habitants : sont-ils grands ou petits, forts ou chétifs ? Soyez attentifs aux champs : sont-ils fertiles ? Et les arbres, poussent-ils bien ? Rapportez des fruits des arbres et des champs, et du raisin des vignes. » Les éclaireurs partent et explorent le pays de Canaan. Ils passent par une vallée où pousse la vigne et en coupent un grand sarment couvert de grappes. Il faut même deux hommes pour le porter, tant les raisins sont gros. Ils cueillent aussi des grenades et des figues.

Quarante jours durant, les éclaireurs explorent le pays. Puis ils retournent au campement. Quand ils retrouvent Moïse, Aaron et toute leur communauté, ils leur décrivent ce qu'ils ont vu : « C'est vraiment un pays qui ruisselle de lait et de miel. Voici ces fruits ! Mais le peuple qui y vit est puissant. Les villes sont très grandes et fortifiées. C'est même un peuple de géants ! » Les fils d'Israël prennent peur lorsque les éclaireurs évoquent les géants. L'un des éclaireurs, Caleb, essaie de les rassurer : « Nous pouvons quand même y aller et nous emparer du pays, comme Dieu nous l'a demandé. » Mais les autres éclaireurs continuent d'effrayer le peuple : « Face à ces géants, nous avions l'impression d'être des sauterelles ! »

En entendant ce récit, le peuple se met à trembler : ce ne sont que pleurs et plaintes toute la nuit. Les hommes disent à Moïse et Aaron : « Ah ! Si nous étions restés en Égypte ! Pourquoi Dieu veut-il nous emmener dans ce pays ? Nous allons tous y passer ! Les ennemis vont nous prendre femmes et enfants ! Cette traversée du désert n'a aucun sens si elle se termine aussi mal ! » Ils déclarent à Moïse qu'ils vont se choisir un nouveau guide pour qu'il les reconduise en Égypte. Ils ne veulent plus entendre parler de Moïse. Moïse et Aaron se jettent face contre terre devant toute l'assemblée et prient le Seigneur. Josué et Caleb, deux des éclaireurs, essaient de calmer le peuple : « Le pays que nous avons traversé est magnifique et merveilleux. Dieu nous offre un pays qui ruisselle de lait et de miel. N'ayez pas peur des gens qui y vivent. Dieu est avec nous. Nous allons vaincre ! » Mais les Hébreux n'écoutent pas Josué et Caleb. Ils leur jettent des pierres.

Alors, Dieu parle : « Aucun d'entre vous ne verra le pays que je vous ai promis. Seuls Josué et Caleb, qui m'ont fait confiance, y pénétreront et profiteront des fruits qui y poussent. Pendant quarante ans, vous errerez dans le désert, jusqu'à ce que tous ceux qui ont râlé soient morts. Seuls vos enfants connaîtront le pays que je vous ai promis. »

Balaam bénit le peuple

Nombre 22,1-24,25

Le peuple continue sa route dans le désert. Il campe dans les plaines de Moab. Son arrivée panique les hommes qui vivent là. Surtout Balaq, le roi des Moabites : il craint que les Hébreux vainquent son peuple et l'exterminent. Il envoie alors une grande délégation chez Balaam, le célèbre devin, avec le message suivant : « Les Hébreux occupent mon pays, ils sont bien plus puissants que mon peuple. Nous ne pouvons rien faire contre eux. Viens et maudis-les ! Je te paierai grassement. »

Les envoyés de Balaq arrivent chez Balaam et lui demandent de venir avec eux pour maudire le peuple d'Israël. Mais Balaam hésite à les accompagner. Dieu lui a dit : « Tu ne dois pas maudire le peuple d'Israël, car je l'ai béni. »

Les envoyés retournent donc voir le roi Balaq sans Balaam et lui racontent ce qu'il s'est passé. Alors Balaq envoie une deuxième délégation, constituée de princes. Ces envoyés proposent au devin encore plus d'argent. Dieu s'adresse à nouveau à Balaam : « Pars avec ces hommes. Ne fais que ce que je te dirai. » Balaam selle donc son ânesse et part pour Moab avec les hommes de la cour du roi Balaq. Soudain, un ange leur barre le chemin, épée en main. L'ânesse de Balaam voit l'ange et s'immobilise. Balaam, lui, ne voit pas l'ange. Il s'énerve et bat son ânesse pour qu'elle avance. La bête finit par avancer. Mais dans les vignes, sur l'étroit chemin qui passe entre deux murs, l'ange se place à nouveau en travers du chemin. L'ânesse essaie de se faufiler en longeant un mur, mais elle presse la jambe de Balaam contre les pierres. Le devin se met en colère et bat à nouveau l'animal. L'ange se poste plus loin, à un endroit si étroit qu'on ne peut pas l'éviter. Voyant cela, l'ânesse se couche sous son cavalier. Balaam enrage et la bat encore plus fort. Il ne voit toujours pas l'ange. Et voici que l'ânesse se met à parler. Elle dit à son maître : « Que t'ai-je fait pour que tu me battes pour la troisième fois ? » Balaam répond : « Tu te moques de moi !

Si j'avais une épée, je te tuerais ! » Dieu ouvre enfin les yeux de Balaam. Le devin découvre alors l'ange armé d'une épée. Il prend peur et se jette face contre terre devant l'ange. L'ange lui parle : « Pourquoi as-tu battu ton ânesse trois fois ? C'est moi qui me suis mis en travers de ton chemin, car ton voyage me semble trop précipité. » Balaam reconnaît sa faute et demande pardon : « Si tu trouves que ce que je suis en train de faire est injuste, alors je ferai demi-tour. » L'ange réplique : « Va avec les gens de Balaq. Mais ne dis rien d'autre que ce que je te dirai. » Balaam reprend la route avec la délégation du roi.

À l'arrivée, Balaq ordonne à Balaam de maudire le peuple d'Israël. Mais Balaam répond : « Je ne peux dire que ce que Dieu m'ordonne. » Trois fois, Balaam essaye de maudire le peuple d'Israël. Mais, trois fois, il prononce une bénédiction que Dieu lui inspire. Alors le roi comprend qu'il ne pourra pas obliger Balaam à maudire le peuple d'Israël. Car Dieu est avec Balaam et Dieu a béni le peuple. Personne ne peut reprendre au peuple cette bénédiction.

Josué envoie des espions à Jéricho

Josué 2

Moïse sent qu'il va bientôt mourir. Pour lui succéder, il désigne Josué. Moïse, lui, n'atteindra pas Canaan, la terre promise. Mais du haut du mont Nébo, il a pu l'apercevoir. Moïse meurt. Le peuple prend le deuil durant trente jours. Jamais plus il n'y aura un prophète comme lui en Israël.

Maintenant, c'est à Josué de conduire le peuple jusqu'à Canaan en lui faisant traverser le fleuve Jourdain. Avant cela, Josué envoie deux éclaireurs dans la ville de Jéricho. Lorsqu'ils arrivent là-bas, ils s'arrêtent dans une maison construite contre le rempart de la ville. C'est la maison d'une femme nommée Rahab. Leur arrivée ne passe pas inaperçue. On informe le roi que deux étrangers font étape chez Rahab.

Le roi envoie des messagers chez elle et lui fait dire : « Fais sortir ces hommes qui sont venus chez toi ! Ils sont venus pour nous espionner. » Rahab, qui a caché les deux hommes chez elle, dit à l'envoyé du roi : « Oui, ces hommes sont venus chez moi. Mais, quand la nuit est tombée, ils sont repartis. Je ne sais pas où. Dépêchez-vous, vous allez peut-être les rattraper ! » En fait, les espions de Josué sont allongés sur le toit, sous des gerbes de lin.

Les hommes du roi partent à leur poursuite. On referme les portes de la ville derrière eux. Rahab monte sur le toit de la maison pour retrouver les deux hommes et leur dit : « Je sais que le Seigneur vous a promis ce pays. Nous avons entendu dire que Dieu vous a aidés et a asséché la mer Rouge pour que vous puissiez la traverser à pied sec. Je sais que le Seigneur a béni votre peuple. Alors je vous en prie : promettez-moi que vous traiterez ma famille, mon père, ma mère, mes frères et sœurs aussi aimablement que je vous ai traités. Et laissez-moi la preuve que vous nous laisserez en vie. » Les hommes lui répondent : « Nous nous en portons garants sur notre propre vie ! Si tu ne nous trahis pas, il ne vous arrivera rien. » La femme ouvre alors sa fenêtre, y fait passer une corde, et laisse les hommes descendre le long de la muraille pour quitter la ville. Elle leur conseille de gagner la montagne et de s'y cacher durant trois jours, tant qu'ils sont encore recherchés. Les deux hommes lui font une promesse : « Si tu attaches cette corde rouge à ta fenêtre, nous épargnerons tous ceux qui seront dans ta maison. Mais, si quelqu'un en sort, il ne pourra s'en prendre qu'à lui-même : nous ne garantissons rien. » Ils lui font le serment qu'ils tiendront cette promesse.

Le peuple conquiert Jéricho

Josué 6

Josué traverse le Jourdain avec tout son peuple. Quand ils s'approchent de la ville de Jéricho, ils voient que les portes de la ville sont fermées. Dieu ordonne à Josué que les prêtres marchent autour de la ville six jours durant. Ils porteront sur leurs épaules l'Arche d'alliance. C'est le coffre dans lequel sont conservées les tables de pierre où sont inscrits les Dix Commandements. En marchant, les prêtres doivent faire sonner leurs cornes et leurs trompettes. Le peuple attendra l'ordre de Josué pour pousser son cri de guerre.

Les prêtres se mettent donc à marcher autour de la ville en portant l'Arche d'alliance. Ils le font six jours de suite. Le septième jour, ils font sept fois le tour de la ville, en soufflant sans cesse dans leurs trompes. Au septième tour, Josué lance au peuple : « Poussez votre cri

de guerre ! Le Seigneur a voué cette ville à votre violence. Tout ce qu'elle contient est promis à l'anéantissement. Seuls Rahab et ceux qui se tiennent dans sa maison auront la vie sauve. Car elle a caché les espions que nous avions envoyés. »

Au son des trompes, le peuple se met à hurler. Les murailles de Jéricho tremblent et s'effondrent. Les Hébreux franchissent alors les ruines des remparts et pénètrent dans la ville. C'est la prise de Jéricho. Josué dit aux deux espions qui étaient venus repérer les lieux : « Allez chercher Rahab et tout ce qui lui appartient, comme vous le lui avez promis. » Les deux hommes vont chercher Rahab, son père, sa mère, ses frères et sœurs et tout ce qu'elle possède, et les conduisent hors de la ville. Ils leur indiquent à l'écart de leur campement un emplacement pour s'y s'installer. La famille de Rahab vivra encore longtemps avec le peuple d'Israël, bénéficiant de sa protection parce qu'elle avait accueilli et protégé les envoyés de Josué.

Peu à peu, les Hébreux conquièrent tout le pays. Ils s'y installent, construisent des maisons et cultivent des champs. Ils sont heureux à Canaan, le pays que Dieu leur a donné. Plus tard, on appellera ce pays « Israël ».

Noémi et Ruth

Ruth 1-4

Beaucoup d'années se sont écoulées depuis que le peuple est arrivé en terre promise, et une terrible famine ravage Israël. Un homme part avec sa femme et ses deux fils pour s'installer à Moab, le pays voisin, qui est fertile. L'homme s'appelle Élimélek et sa femme, Noémi. Leurs deux fils se marient avec des femmes de Moab. Puis Élimélek, le mari de Noémi, meurt. Et, peu après lui, ses deux fils. Il ne reste à Noémi que ses deux belles-filles, Orpa et Ruth.

Noémi a le mal du pays. Elle entend dire que la famine est terminée en Israël et qu'il y a de nouveau assez à manger. Elle décide donc d'y retourner, avec ses deux belles-filles, et rentre à Bethléem, sa ville natale.

Peu avant d'y arriver, Noémi se tourne vers ses belles-filles et leur dit : « Rentrez chez vos mères ! Je souhaite que Dieu soit aussi bon avec vous que vous l'avez été avec moi et mes fils. Il vous faut de nouveaux maris, il vous faut être heureuses ! » Elle les embrasse pour leur dire au revoir. Mais Orpa et Ruth se mettent à sangloter : « Non ! Nous voulons aller avec toi, nous voulons voir ton peuple. » Mais Noémi répond : « Regardez ! Je suis vieille ! Je ne pourrai pas vous présenter à des hommes. Ce serait quand même dommage que vous restiez seules ainsi. » Les deux belles-filles pleurent de plus belle. Cependant, Orpa obéit à sa belle-mère. Elle l'embrasse une dernière fois et rebrousse chemin vers Moab. Noémi pousse Ruth à rejoindre Orpa. Mais Ruth répond : « Où que tu ailles, j'irai aussi. Où que tu t'installes, je m'installerai aussi. Ton peuple, c'est mon peuple, et ton Dieu, c'est mon Dieu. Là où tu mourras, je mourrai aussi et j'y serai enterrée. » Noémi est touchée par ces paroles, car elle aime beaucoup Ruth. Les deux femmes poursuivent donc leur chemin vers Bethléem. À leur arrivée, la ville entière est en émoi. Les gens disent : « N'est-ce pas Noémi ? » Mais celle-ci répond : « Ne m'appelez plus Noémi, la gracieuse, mais Mara, l'amère. Car j'ai connu beaucoup de malheurs. Je reviens les mains vides. »

Pour vivre, les deux femmes glanent les épis que les moissonneurs laissent derrière eux dans les champs. Un jour, Ruth se trouve dans le champ de Booz. Celui-ci est plein d'égards pour elle. Il dit : « Ne change pas de champ. Sur mes terres, tu peux prendre tout ce dont tu as besoin. » Ruth se réjouit. Elle s'agenouille devant Booz : « Qu'ai-je donc fait pour que tu me traites aussi bien, alors que je suis une étrangère ? » Booz explique : « J'ai appris combien tu avais été bonne pour ta belle-mère. » Ce soir-là, Ruth rapporte beaucoup d'épis à Noémi, sa belle-mère. Et elle raconte combien le propriétaire du champ a été gentil avec elle. Noémi demande quel est le nom de cet homme. « Booz », répond Ruth. « Dieu soit loué ! s'écrie Noémi. C'est un de mes cousins. Reste toujours dans son entourage et il ne nous arrivera que du bien. »

Quelques jours plus tard, Noémi dit à Ruth : « J'aimerais que tu te remaries et que tu sois heureuse. » Noémi sait qu'en tant que membre de sa famille, Booz a le droit d'épouser sa belle-fille. Elle explique donc à Ruth : « Ce soir, Booz va moissonner l'orge. Attends qu'il ait terminé et repère l'endroit où il va se coucher. Rejoins-le et allonge-toi à ses pieds. » Ruth répond : « Je ferai tout ce que tu me dis de faire. »

Après son travail, Booz mange et boit du vin. Il se sent bien. Il s'allonge donc contre sa meule d'orge pour dormir. Dès qu'il est endormi, Ruth s'allonge à ses pieds. À minuit, Booz se réveille et découvre, surpris, une femme près de lui. « Qui es-tu ? » demande-t-il. « Je suis Ruth. Étends ta couverture sur moi et protège-moi ! » Booz dit : « Sois bénie ! Car tu n'as pas couru après les jeunes hommes. Je veux bien t'épouser. Mais il y a un autre homme, dans ta famille, qui aurait le droit de t'épouser. Il me faut savoir s'il renonce à ce droit. » Le lendemain matin, Booz rend visite à son parent qui a aussi le droit d'épouser Ruth. Il se fait accompagner de dix hommes pour négocier ce mariage. Le parent renonce à son droit et dit à Booz : « Tu peux l'épouser. » Pour montrer qu'ils se sont mis d'accord, l'homme retire sa chaussure et la donne à Booz. Et celui-ci dit à ceux qui l'accompagnent : « Vous êtes témoins que j'ai obtenu la main de Ruth. » Les hommes répondent : « Nous sommes témoins. Dieu vous bénisse, toi, Ruth, et vos enfants. »

Booz épouse Ruth. Elle tombe enceinte et donne naissance à un garçon. Noémi, de son côté, reçoit beaucoup de visiteurs : « Loué soit Dieu ! Il t'a offert un petit-fils ! Quelqu'un réchauffera ton cœur et s'occupera de toi quand tu seras vieille. » Noémi prend l'enfant et le serre contre elle, pleine de gratitude et de joie. Il s'appelle Obed. Plus tard, il deviendra le père de Jessé et Jessé sera le père de David. David deviendra le plus grand roi d'Isaël. De sa famille descendra Jésus. C'est ainsi que Ruth, une étrangère, est devenue source de bénédiction pour tout le peuple d'Israël.

Samuel devient serviteur au temple

1 Samuel 1-3

Sur la montagne d'Éphraïm vit un homme appelé Elcana. Il a deux femmes : Peninna et Anne. Peninna a des enfants, mais pas Anne. Chaque année, Elcana se rend à Silo avec ses deux femmes et ses enfants pour prier dans le temple. Souvent, Peninna se moque d'Anne et l'humilie, parce qu'elle n'a pas d'enfants. Anne en est très peinée. Elle pleure. Dans le temple, elle confie cette souffrance à Dieu et l'implore de lui donner un fils. « Si j'ai un fils, il sera prêtre et ne servira que toi. »

Anne prie en silence. Seules ses lèvres bougent. Le prêtre Éli l'observe et pense qu'elle est ivre. Il lui ordonne : « Sors d'ici et attend que le vin se soit dissipé. » Mais Anne lui répond : « Je suis une femme malheureuse. Je n'ai bu ni vin ni bière. Je n'ai fait qu'ouvrir mon cœur au Seigneur. » Alors Éli la bénit et lui dit : « Va en paix, Dieu accèdera à tes vœux. » Anne retourne donc avec son mari dans les montagnes. Et Dieu exauce effectivement sa demande. Anne tombe enceinte et donne naissance à un fils. Elle l'appelle Samuel, ce qui signifie « Dieu exauce mes prières ».

Quelques années plus tard, Anne se rend à Silo avec son petit garçon. Elle l'amène au prêtre Éli et dit : « Je suis celle qui a prié le Seigneur à tes côtés. Dieu m'a offert un fils. Je l'offre à Dieu en retour. Je te le confie, pour qu'il serve le Seigneur toute sa vie. » Anne remercie le Seigneur et lui chante une louange : « Mon cœur est rempli de joie ! Le Seigneur m'a donné une grande force ! Je me réjouis de cette aide ! » Anne retourne chez elle et laisse son fils Samuel au prêtre Éli. Dans le temple, Samuel apprend tout ce qu'il faut savoir pour servir Dieu. Chaque année, quand elle vient avec son mari à Silo, sa mère lui apporte un nouveau manteau. Le prêtre Éli bénit Anne et Elcana : « Que Dieu vous offre d'autres enfants. Car vous avez consacré le premier au Seigneur. » Anne et Elcana auront encore trois fils et deux filles.

C'est la nuit, Samuel dort au temple. Il entend une voix qui l'appelle. Samuel va voir Éli et lui dit : « Je suis là. Tu m'as appelé. » Éli répond : « Je ne t'ai pas appelé. Retourne te coucher. » Samuel obéit. Mais il entend une deuxième fois son nom. Il retourne voir Éli et lui dit : « Je suis là. Tu m'as appelé. » Mais Éli lui répond : « Je ne t'ai pas appelé. » Et il le renvoie se coucher. Dieu appelle Samuel une troisième fois. Samuel se lève, retourne voir Éli et dit : « Je suis là. Tu m'as appelé. » Cette fois, Éli comprend que c'est Dieu lui-même qui appelle Samuel. Il lui dit : « Retourne te coucher. Si l'on t'appelle à nouveau, tu diras : "Parle, Seigneur, ton serviteur t'écoute." » Samuel obtempère. Dieu lui dit alors : « Les fils d'Éli doivent être punis. Car ils sont mauvais et ne m'écoutent pas. » Samuel a peur de répéter à Éli le message de Dieu. Mais Éli lui dit qu'il ne doit rien lui cacher. Alors Samuel lui rapporte les propos de Dieu. Éli répond : « C'est lui le Seigneur. Que cela se passe comme il le veut. » Peu de temps après, les fils d'Éli meurent dans un combat contre un peuple ennemi, les Philistins.

Samuel continue de grandir et de servir le Seigneur. Il demeure à l'écoute des paroles que Dieu lui transmet dans son sommeil. Le peuple reconnaît que Dieu a fait de Samuel son prophète, et suit sa parole. C'est ainsi que Samuel devient le plus grand juge d'Israël.

David se bat contre Goliath

1 Samuel 8-10 ; 16-17

En Israël, à cette époque, les juges sont les hommes les plus importants. Il n'y a pas de roi. Mais, quand les Hébreux se rendent compte que les autres peuples ont des rois puissants, ils veulent en avoir un. Samuel les met en garde : leur seul roi, c'est Dieu, et il doit le rester. Mais le peuple persiste. Dieu ordonne à Samuel d'oindre Saül, le chef de l'armée, pour qu'il devienne le premier roi d'Israël. Saül devient donc roi sur ordre de Dieu, mais il n'écoute pas ce que Dieu lui dit. Il mène sans cesse le peuple à de nouvelles guerres, au cours desquelles beaucoup d'hommes trouvent la mort.

Alors Dieu ordonne à Samuel d'aller rendre visite à Jessé, à Bethléem, pour consacrer son fils comme nouveau roi.

Lorsque Samuel arrive à Bethléem, il demande à Jessé de lui présenter ses fils. Et Jessé fait venir l'aîné. Samuel est impressionné par sa taille et sa beauté et veut lui donner l'onction pour qu'il soit roi. Mais Dieu retient son geste. Alors Jessé fait venir son deuxième et son troisième fils. Finalement, sept fils de Jessé défilent devant Samuel. Mais Dieu n'accorde l'onction à aucun d'entre eux. Samuel demande : « Sont-ce là tous tes fils ? » Jessé répond : « Non, il manque le plus jeune, il s'occupe des brebis. » Samuel demande à voir le garçon. Dès que David arrive, Dieu dit à Samuel : « C'est lui ! Donne-lui l'onction ! Il sera roi d'Israël, c'est lui que j'ai choisi. » Samuel s'exécute. Mais personne ne doit rien en savoir.

Entre temps, le roi Saül va de moins en moins bien. Il est mélancolique. Souvent, il reste assis et regarde tristement devant lui. Ses serviteurs recherchent quelqu'un qui puisse jouer de la cithare pour distraire Saül. David est un bon joueur de cithare et on l'amène à Saül. David se tient à ses pieds et se met à jouer. Saül retrouve tout de suite sa gaieté.

À la même époque, les Philistins rassemblent leurs troupes et déclarent la guerre aux Hébreux. Les deux armées se font face, chacune sur le versant opposé d'une vallée étroite. Côté Philistins, Goliath, un géant, s'avance. Il se moque des Hébreux et les défie : « Envoyez-moi un homme ! Je me battrai contre lui ! Et, si je l'emporte, vous serez nos esclaves. » Le roi Saül et les Hébreux prennent peur : l'homme est très imposant et lourdement armé. Personne n'ose se mesurer à lui. Dix jours durant, Goliath s'avance pour narguer les Hébreux.

Les trois fils aînés de Jessé font partie de l'armée de Saül. David, lui, est resté à la maison. Son père l'envoie rejoindre ses frères pour leur apporter à manger. Quand David arrive auprès d'eux, Goliath s'avance de l'autre côté de la vallée et met au défi les Hébreux. Tous tremblent de peur. David demande aux soldats : « Quelle récompense accordera le roi Saül à celui qui aura abattu ce géant ? » « Il fera sa fortune et lui donnera sa fille en mariage. » Ses grands frères s'énervent de voir que David parle avec les soldats. Mais David se rend auprès de Saül et déclare : « Je vais affronter Goliath. » Saül secoue la tête : « Tu es trop jeune. Tu ne peux pas te battre. » David insiste : « J'ai abattu des lions qui attaquaient mon troupeau. Je vais tuer ce Philistin. Dieu me protégera. » Alors Saül dit : « Va ! Le Seigneur est avec toi ! »

Saül prête son armure à David. Mais elle est tellement lourde que David ne peut pas se mouvoir alors il préfère la laisser. À la place de l'armure, David prend simplement son bâton. Il choisit cinq pierres plates et les glisse dans sa besace de berger. Il saisit sa fronde et se présente ainsi face à Goliath. Le géant s'adresse à lui avec mépris : « Suis-je donc un chien, que tu m'approches avec un bâton ? » Il injurie David et se moque de lui. Mais David a confiance. Il dit au géant : « Approche ! Je donnerai ta chair aux oiseaux du ciel et aux animaux sauvages. Tu es armé d'une épée. Moi, je suis là au nom de Dieu. » Quand Goliath fait un pas vers lui, David se met à courir, prend une pierre dans sa besace, la place dans sa fronde et la lance. La pierre atteint Goliath au front, à un endroit qui n'était pas protégé par le casque. Le géant s'écroule, face contre terre. David se précipite, lui prend son épée et lui tranche la tête. Voyant leur meilleur combattant mort, les Philistins s'enfuient. Les Hébreux, eux, poussent un cri de guerre, se lancent à leur poursuite, et en tuent un certain nombre. Ainsi, le petit peuple d'Israël a vaincu les puissants Philistins, juste parce que le jeune David a eu le courage d'affronter Goliath le géant.

David doit fuir

1 Samuel 18-20

En remerciement de sa victoire, Saül prend David à sa cour et lui confie une haute fonction. David se lie d'amitié avec Jonathan, le fils de Saül. Ils sont comme deux frères. Le peuple aime beaucoup David. Lorsque les Hébreux reviennent après une victoire de plus contre les Philistins, les femmes de toutes les villes viennent à leur rencontre en dansant. Elles frappent les tambourins et chantent : « Saül en a tué mille et David, dix mille. » Saül n'est pas content d'entendre cela. Il est jaloux de David et essaie de lui causer du tort.

Le lendemain, Saül est à nouveau pris de mélancolie. Il crie et s'agite comme un fou. David joue de la cithare pour le calmer. Dans sa rage, Saül envoie deux fois sa lance en direction de David, qui l'évite habilement. Saül se met à avoir peur de David. Il ne veut plus le voir et l'envoie à la guerre en pensant : « Là-bas, il trouvera certainement la mort. » Mais, où qu'il aille, David rencontre le succès.

Mikal, la fille de Saül, aime David. Entendant cela, Saül donne son accord pour que David l'épouse, mais il a une arrière-pensée. En guise de dot, il exige que David tue cent Philistins. Il pense : « Il n'y arrivera jamais. Il sera tué ! ». Mais David tue même deux cents Philistins. Alors Saül lui donne la main de sa fille Mikal.

Partout où David mène une bataille, il emporte la victoire. Mais, quand la mélancolie s'empare à nouveau de Saül, David lui joue de la cithare, et le roi lance une troisième fois sa lance dans sa direction. David l'évite de justesse en se jetant de côté. Il comprend que Saül veut le tuer. Alors il s'enfuit chez lui avec sa femme Mikal. Saül envoie des soldats chez David. Ils ont pour mission de l'épier et de l'assassiner. Mais Mikal pend une corde à la fenêtre, et David se laisse glisser le long du mur pour s'enfuir. À la place de David, Mikal glisse un morceau de bois dans son lit, pour que les soldats pensent qu'il est endormi. Le lendemain matin, lorsqu'ils viennent pour le prendre, ils ne trouvent que le bois sous la couverture. Saül se met en colère contre sa fille qui a aidé David à s'enfuir.

David retourne une dernière fois au palais de Saül pour voir son ami Jonathan, le fils de Saül. Il lui demande : « Qu'ai-je donc fait pour que ton père veuille ma mort ? » Jonathan est touché et promet de protéger David. Car Jonathan aime David comme un frère. Ils conviennent de quelque chose : David va se cacher. Le lendemain, c'est la fête du Nouvel An. Si jamais Saül déplore l'absence de David et dit du bien de lui, Jonathan enverra un messager à David pour le prévenir qu'il peut revenir à la cour. Si au contraire Saül dit du mal de David, alors David devra fuir.

Constatant que la place de David reste vide même le deuxième jour de la fête, Saül demande où il est. Jonathan répond : « Il est retourné dans sa famille, car ils veulent faire un sacrifice à Dieu. » Saül entre dans une grande colère : « Comment oses-tu ? Tu prends toujours la défense de David ! Va le chercher immédiatement : il doit mourir ! » Jonathan demande alors ce que David a fait de mal. En guise de réponse, Saül lui envoie sa lance. Fou de rage, Jonathan se lève d'un bond et se précipite dehors. Le lendemain matin, Jonathan va voir David et lui raconte ce qu'a fait Saül. David et Jonathan s'embrassent et se promettent qu'ils resteront toujours amis, quoi qu'il arrive.

David devient roi

1 Samuel 31, 2 Samuel 1,1-2,11 ; 5,1-12 ; 6,1-22

Saül et son fils Jonathan ont trouvé la mort dans une bataille contre les Philistins. David compose un chant de lamentation. Il ne pleure pas seulement la mort de son ami Jonathan, mais aussi celle de son ennemi Saül. Il chante : « Saül et Jonathan, bien-aimés et chers, unis dans la vie comme dans la mort. Jonathan, qui gît, transpercé, sur les hauteurs d'Israël ! J'ai le cœur serré à cause de toi, Jonathan, mon frère ! Ton amitié pour moi était une merveille plus grande que l'amour des femmes ! »

Puis David part pour Hébron. Là, les hommes le sacrent roi de la tribu de Juda. Les autres tribus ont choisi Ischbaal, l'autre fils de Saül, pour être leur roi. Il y a donc deux rois en Israël. Pendant sept ans, les armées des deux rois se livrent bataille. David l'emporte et devient donc seul roi d'Israël.

À trente ans, il part pour Jérusalem et conquiert la ville, qui devient la capitale d'Israël. Là, se dresse le château de Sion. David s'en empare et s'y installe. Il fait construire de nombreuses maisons tout autour du château. On appelle ce quartier « la ville de David ».

Quelque temps plus tard, David décide d'apporter l'Arche d'alliance à Jérusalem. Un cortège accompagne l'arche sur son chemin jusqu'à la ville. David danse devant elle au son des cors. Il ne porte rien d'autre qu'une courte tunique de prêtre. Lorsqu'ils arrivent dans la ville, les hommes installent l'arche sous une tente, que David a fait dresser pour elle. Celui-ci fait un sacrifice à Dieu et bénit le peuple.

Lorsqu'il rentre chez lui, sa femme Mikal vient à sa rencontre : « Je t'ai vu de la fenêtre ! Tu as dansé presque nu devant les gens. Ce n'est pas ainsi que se comporte un roi ! » David réplique : « J'ai dansé pour le Seigneur. C'est lui qui m'a fait roi. Pour cette raison, je continuerai à danser ainsi en son honneur. » Mais, au fond, Mikal méprise David.

David et son fils Absalom

2 Samuel 15,1–19,15 ; 23,1-7

David devient toujours plus puissant. C'est un roi juste et son pays vit en paix. Un jour, son fils Absalom se retourne contre lui. Il veut être roi d'Israël lui aussi. Il part donc s'installer à Hébron, où on le désigne comme roi. Apprécié des gens, il rassemble rapidement de nombreux partisans. La conspiration contre son père David est de plus en plus menaçante.

Un messager arrive d'Hébron pour transmettre à David le message suivant : « Le cœur du peuple d'Israël bat pour ton fils Absalom. » David dit alors à ses serviteurs : « Nous devons fuir. Ici, rien ne nous protégera d'Absalom. » David, ses serviteurs et les soldats qui le soutiennent encore fuient Jérusalem. En le voyant quitter la ville, les gens pleurent. David se voile lui aussi le visage et pleure. Absalom arrive à Jérusalem. Il a rassemblé une grande armée et veut tuer David. David a reconstitué une armée lui aussi et envoie ses hommes au combat. Il ordonne à ses militaires d'épargner son fils Absalom. Les soldats de David remportent la bataille. Tout à coup, ils aperçoivent Absalom qui s'enfuit sur une mule. Mais, alors que la mule passe sous un chêne, les cheveux d'Absalom se prennent dans les branches. Un des soldats va voir Joab, un officier, pour lui dire qu'Absalom est comme suspendu à un chêne. Joab le dispute : « Pourquoi ne l'as-tu pas tué ? Je t'aurais donné dix pièces d'argent et une ceinture ! » Le soldat répond : « Même pour dix pièces d'argent, je ne l'aurais pas tué. David, notre roi, nous a ordonné de l'épargner. » Joab ne respecte pas l'ordre du roi. Il se dirige vers Absalom et lui passe sa lance au travers du corps. Puis il fait sonner le cor. C'est le signal que le combat est terminé. Lorsque David apprend que Joab a tué son fils, il pleure et crie : « Absalom ! Mon fils ! Mon fils Absalom ! Mon fils Absalom ! Ah, si seulement j'avais pu mourir à ta place ! » Tout le monde comprend à quel point David aimait son fils. Désormais, tous les cœurs se tournent vers David. Tous le reconnaissent à nouveau comme le seul roi d'Israël. Il règne sur son peuple encore de longues années. David finit par vieillir et s'affaiblir. Peu avant sa mort, il remercie encore Dieu pour tout ce qu'il lui a offert. Il dit à son peuple : « Le Dieu d'Israël m'a parlé : "Celui qui règne sur les hommes dans le respect de Dieu et la justice est comme la lumière du matin, quand se lève le soleil." » C'est exactement ce qu'avait été David : un soleil sur l'obscurité qui menace de tomber sur le peuple.

Salomon construit le Temple

1 Rois 1,32-40 ; 2,1-12, ; 3,5-1 ; 5,27-8,66 ; 9,1-9

David désigne son fils Salomon pour lui succéder. Il demande au prêtre Tsadoq et au prophète Nathan de consacrer Salomon. Le prêtre et le prophète se rendent avec Salomon au bord du ruisseau Gihon. Là, ils lui donnent l'onction. La corne de bélier résonne et tout le peuple crie : « Que vive le roi Salomon ! » David, sentant qu'il va mourir, exprime ses dernières volontés à son fils Salomon : « Je vais partir. Sois fort et courageux ! Si tu écoutes ce que te dit le Seigneur, tout te réussira. » David meurt. Il a été roi durant quarante ans.

Une nuit, Dieu apparaît en rêve à Salomon et lui dit : « Fais un vœu et je l'exaucerai. » Salomon répond : « Seigneur ! Tu as fait de moi le roi d'un grand royaume. Mais je suis jeune et ne sais pas grand-chose. Montre-moi comment être un bon roi et faire régner la justice. » Dieu se réjouit de cette réponse et promet à Salomon de lui donner un cœur sage et raisonnable. Le roi dirige son peuple avec une grande sagesse. Après quatre années de règne, Salomon décide de faire ce que David n'a jamais pu entreprendre, à cause de toutes les guerres qu'il a menées : construire un temple en l'honneur de Dieu. Il fait envoyer ses plans à Hiram, le roi de Tyr, et lui demande du bois de cèdre du Liban. Hiram était un bon ami de David. Il se réjouit de la requête de Salomon. Il ordonne à ses gens d'abattre des cèdres et fait lier les énormes troncs entre eux. Des hommes les transportent ensuite sur la côte. Là, ils les assemblent en radeaux et les font flotter jusqu'à l'endroit où Salomon a demandé qu'ils soient livrés. En échange de ce bois, Salomon envoie chaque année au roi de Tyr du blé et de l'huile d'olive.

Pour construire le Temple, Salomon fait venir des ouvriers de tout le pays. Il en envoie certains au Liban pour abattre des cèdres avec les hommes de Hiram. Parmi les ouvriers, certains sont porteurs et d'autres, tailleurs de pierres. Avec ces pierres, ils construisent les fondations du Temple. Puis ils s'attaquent aux murs de l'édifice, constitué de pierres et de bois de cèdre et décoré de fleurs sculptées. Dans le Temple est aménagée une pièce où l'on installe l'Arche d'alliance. On appelle cet endroit le Saint des Saints. Salomon y fait couvrir les murs d'or. On y dresse aussi un autel tout en or. Puis Salomon fait sculpter deux anges en bois d'olivier. Ce sont les gardiens de l'Arche d'alliance.

Ce temple magnifique réjouit tout le monde. Dieu dit à Salomon : « C'est bien que tu m'aies fait construire un si beau Temple. Mais il est aussi important que vous suiviez mes recommandations et mes commandements, mon peuple et toi. Dans ce cas, je tiendrai ma promesse et habiterai au milieu de vous pour toujours. Je n'abandonnerai pas mon peuple et je le bénirai à jamais. »

Lors de la consécration du Temple, le roi Salomon fait un discours devant son peuple. Il le remercie pour le travail fourni. Puis il écarte les mains et le bénit. Beaucoup d'animaux sont sacrifiés en l'honneur de Dieu, et la fête dure une semaine entière.

Salomon prononce
un sage jugement

1 Rois 3,16-28 ; 10,1-8

Tout le monde s'étonne de la sagesse du roi Salomon. Des envoyés viennent de nombreux pays étrangers, pour écouter ses paroles. La reine de Saba elle-même entend parler de lui. Elle fait le voyage avec toute sa suite, pour vérifier si ce qu'on lui a raconté est bien vrai. Elle pose beaucoup de questions, et Salomon y répond avec justesse. La reine de Saba est surprise : « Tout ce que j'ai entendu sur ta sagesse dans mon pays est donc vrai. Je ne voulais pas le croire. C'est pour cela que je suis venue : pour constater combien tu es sage. Heureux sont tes serviteurs, qui peuvent t'écouter toute la journée. »

Un jour, deux femmes viennent consulter Salomon. L'une explique au roi : « Nous habitons toutes les deux la même maison. Chacune de nous a eu un enfant. Mais le fils de cette femme est mort durant la nuit, car elle l'a étouffé par mégarde dans son sommeil. Alors elle s'est levée, m'a volé mon enfant et a mis son enfant mort à la place. Au matin, lorsque je me suis réveillée, j'ai vu qu'il était mort. Mais, en regardant mieux, j'ai vu que ce n'était pas mon enfant, mais celui de cette femme. » L'autre femme se met à crier : « C'est faux ! Tu mens ! Mon enfant est vivant et ton enfant est mort ! » La première femme répond en criant : « Non, c'est faux. Tu mens ! Mon enfant est vivant et ton enfant est mort. »

Le roi écoute cette dispute un certain temps. Il ordonne : « Qu'on m'apporte une épée ! » On apporte une épée au roi. « Coupez l'enfant vivant en deux avec cette épée. Donnez une moitié d'enfant à l'une et l'autre moitié à l'autre. » Une des femmes s'écrie alors : « Non ! Donnez-lui l'enfant, mais ne le tuez pas ! » L'autre réplique : « Non ! Obéissez au roi : que tout se passe comme il l'a dit. L'enfant

ne doit être ni à toi ni à moi ! » Salomon désigne la première femme :
« Donnez-lui l'enfant, ne le tuez pas. Car c'est elle, la mère ! »
Il a tout de suite compris que jamais la vraie mère n'aurait accepté que
l'on tue son enfant. Elle aurait préféré qu'il fût donné à une autre
femme, plutôt que de le voir mort. Le peuple entier écoute le jugement de Salomon. Il le regarde avec respect, parce qu'il comprend que
c'est Dieu qui parle à travers lui.

Élie sur le mont Horeb

1 Rois 16,29-33 ; 18,1-19,13

Longtemps après le règne de Salomon, un autre roi, Achab, monte sur le trône. Lui et sa femme Jézabel ne croient pas au Dieu d'Israël, ils vénèrent Baal, le dieu des Cananéens. La sécheresse s'abat sur le pays. Le prophète Élie se rend auprès du roi Achab pour le ramener sur le droit chemin. Achab ne prête pas attention à ce que lui dit Élie. Le prophète ordonne au roi de rassembler tout le peuple et les prêtres de Baal sur le mont Carmel. Lorsqu'ils sont tous réunis, Élie s'adresse à eux : « Vous ne pouvez pas honorer à la fois Dieu et Baal. Aujourd'hui, je vais vous montrer qui est le vrai Dieu. »

Il demande alors aux prêtres de Baal de dresser un autel et d'y déposer un taureau. « Maintenant, priez votre dieu et demandez-lui d'allumer le bûcher. » Les prêtres de Baal prient toute la journée, mais rien ne se passe. Élie construit à son tour un autel, y place un taureau et verse de l'eau sur le bois du bûcher. Il prie : « Seigneur, Dieu d'Abraham, d'Isaac et d'Israël, montre à ton peuple que tu es le vrai Dieu. Incite leur cœur à se tourner vers toi ! » Des flammes s'élèvent du bûcher et brûlent le taureau. Les prêtres de Baal n'ont plus qu'à reconnaître leur défaite. Le peuple, lui, s'incline et loue le Seigneur. Peu après, il se met à pleuvoir et la pluie met fin à la sécheresse.

Quand on rapporte ces faits à la reine Jézabel, celle-ci entre dans une grande fureur. Elle envoie un messager à Élie pour lui faire dire : « Tu vas mourir. Je vais te faire assassiner. » Élie s'inquiète. Il fuit dans le désert pour se cacher. Dans le désert, il ressent soudain une immense fatigue. Il s'allonge sous un buisson de genêt et se dit qu'il préférerait mourir, tant il est épuisé. Dès qu'Élie est endormi, un ange apparaît et lui donne un coup : « Lève-toi et mange ! » Élie se réveille. Il découvre près de lui une miche de pain et une cruche d'eau. Il mange et boit. Puis il s'allonge de nouveau et s'endort. Mais l'ange le visite une

seconde fois : « Lève-toi et mange ! Car un long chemin t'attend. »
Élie se lève et mange. Fortifié par cette nourriture, il marche quarante
jours et quarante nuits durant jusqu'au mont Horeb.

En arrivant au sommet, Élie, fatigué de son long voyage, s'allonge dans
une caverne. Il ne veut que se reposer, mais Dieu ne lui laisse aucun
répit. « Élie, que fais-tu ici ? » Cette parole dérange Élie, qui répond
avec réticence : « Je suis venu ici avec beaucoup d'ardeur. Maintenant,
je suis seul et personne ne me soutient. Et la reine en veut à ma vie ! »
Dieu dit alors : « Sors de ta caverne et tiens-toi sur la montagne. Dieu
va passer. » Une violente tempête se lève, qui fend la montagne et
brise les rochers. Mais Dieu n'est pas dans la tempête. Arrive alors un
tremblement de terre. Le sol se soulève. Mais Dieu n'est pas dans le
tremblement de terre. Puis vient enfin un feu. Les flammes claires
s'élèvent haut dans le ciel. Mais Dieu n'est pas non plus dans le feu.
Puis, comme un murmure, une brise légère se met à souffler... Élie sent
que c'est Dieu lui-même qui le caresse tendrement dans ce doux vent.
Il se recouvre le visage de son manteau et se place à l'entrée de la
caverne. Jusqu'à présent, il n'a connu Dieu que dans le tonnerre et la
tempête. Là, Dieu se montre à lui dans le calme. Dieu a voulu mettre
en garde Élie : « Quand tu parles de moi, ne t'emporte pas. Parle
doucement de moi. Je suis toujours à tes côtés, pour t'envelopper de
mon amour tendre. »

Jérémie à la cour de garde

Jérémie 1,1-17 ; 32 ; 37,11-38,28

Jérémie est un autre prophète de Dieu. Dieu l'a appelé alors qu'il était encore un jeune homme. D'abord, Jérémie s'est défendu. « Je suis bien trop jeune ! » Mais Dieu l'encourage : « N'aie pas peur ! Je t'accompagnerai et je t'aiderai ! C'est moi qui parlerai par ta bouche ! » Jérémie se met à arpenter les rues de Jérusalem pour convaincre les gens de changer de vie. Une fois de plus, ils ont oublié Dieu et ses commandements et vénèrent d'autres dieux. Peu écoutent les propos de Jérémie. Le roi Manassé ne croit en aucun dieu. Mais, après lui, le roi Josias le pieux entend le message de Jérémie. Il amène le peuple à vivre à nouveau selon les préceptes de Dieu. Malheureusement, il meurt dans une guerre contre les Égyptiens. Jérémie est profondément triste. Le fils du roi, Joakim, lui succède. Il laisse son peuple se tourner à nouveau vers d'autres dieux. Jérémie doit alors recommencer à parler au peuple au nom de Dieu. « Si vous ne changez pas, vous serez vaincus par des peuples étrangers et faits prisonniers. » Mais personne n'écoute son message. Le peuple préfère se tourner vers d'autres prophètes qui lui disent : « Il ne vous arrivera rien ! Continuez ! »

Finalement, il arrive précisément ce que Jérémie a annoncé : l'armée de Babylone et son roi Nabuchodonosor prennent d'assaut Jérusalem. Or, pendant le siège de la ville, Jérémie doit se rendre à la montagne, où un membre de sa famille est mort. Alors qu'il veut quitter la ville, un garde l'arrête et lui dit : « Tu veux passer à l'ennemi ! » Jérémie répond : « Non, je veux juste rendre visite à ma famille ! » Mais le soldat l'amène aux fonctionnaires royaux. Ceux-ci le frappent et le jettent en prison. Ils l'accusent d'être un traître.

Le roi Sédécias, monté sur le trône à la suite de Joakim, fait secrètement chercher le prophète pour lui demander si Dieu a un message pour lui. Jérémie répond : « Oui, Dieu a dit : "Le roi de Babylone te fera prisonnier." » Et Jérémie, craignant de mourir au cachot, prie le roi de le libérer. Sédécias donne l'ordre d'installer Jérémie dans la cour de garde du palais et de lui fournir du pain chaque jour. Certains fonctionnaires se plaignent au roi : « Cet homme doit mourir ! Avec tous ses discours, il décourage les soldats et le peuple ! » Le roi se sent démuni face aux puissants fonctionnaires. Il répond : « Il est entre vos mains. » On saisit Jérémie et on le jette dans une citerne qui se trouve dans la cour de garde. Au fond de la citerne vide, il y a de la boue, dans laquelle Jérémie s'enfonce.

Un étranger, qui travaille pour le roi, a pitié de Jérémie. Il va voir le roi : « Jérémie est en train de mourir dans cette citerne. Je veux le sortir de là. » Le roi lui en donne l'autorisation. L'homme prend de vieux vêtements et tresse une corde avec. Ainsi, il réussit à sortir Jérémie de la citerne. Le prophète peut à nouveau rester dans la cour de garde.

Quelque temps plus tard, le roi fait chercher Jérémie en secret et demande s'il est porteur de messages de Dieu. Jérémie répond : « Si je te le dis, tu vas me faire exécuter. » Sédécias promet de ne pas le tuer. Jérémie lui annonce alors qu'il subira la violence du roi de Babylone s'il ne se rend pas. Sédécias hésite à suivre le conseil de Jérémie. Hélas pour lui, il se passe exactement ce que Jérémie avait annoncé. L'armée de Nabuchodonosor fait de nombreux prisonniers qui sont déportés à Babylone.

Daniel à Babylone

Daniel 1,2

Nabuchodonosor, le roi de Babylone, ordonne à son plus haut conseiller, Ashpénaz, de choisir parmi les Juifs prisonniers, de jeunes hommes beaux et intelligents. Ils seront formés et éduqués à la cour de Babylone pour servir de conseillers au roi. C'est ainsi que Daniel et ses trois amis arrivent à la cour, où ils apprennent la langue et l'écriture des Babyloniens.

Daniel refuse de manger les plats qui sont servis à la cour. Car, en tant que juif, il lui est interdit de manger de la viande de porc et de boire le vin de la table royale. Ashpénaz veut le bien de Daniel et ses amis, mais il craint le roi. Il dit : « Le roi pourrait trouver que vous avez moins bonne figure que les autres jeunes hommes de votre âge ! » Daniel lui propose : « Accepte que, durant dix jours, nous ne mangions que des légumes et ne buvions que de l'eau. Puis tu compareras notre aspect avec celui des hommes qui mangent les plats du roi. » Au bout de dix jours, les jeunes Juifs semblent plus beaux et en meilleure santé que tous les autres. À partir de ce moment, on ne leur sert plus que des légumes et de l'eau. Trois ans se sont écoulés. Ashpénaz présente les jeunes Juifs au roi. Celui-ci discute avec eux. Il les trouve supérieurs aux autres jeunes hommes qui se sont présentés pour entrer à son service. Alors il décide de les embaucher.

Une nuit, le roi Nabuchodonosor fait un rêve. Ce rêve l'inquiète tellement qu'il n'arrive plus à dormir. Il fait venir ses devins et ses mages et leur dit : « Si vous ne savez pas expliquer mon rêve, je vous ferai exécuter. » Les devins l'assurent : « Nous saurons interpréter ton rêve ! Raconte-le-nous, et nous te l'expliquerons. » Le roi leur répond : « Vous vous vantez ! Racontez-moi vous-mêmes mon rêve. Je verrai bien si vous le comprenez. » Les devins disent : « Personne ne peut savoir quel rêve a fait quelqu'un d'autre ! Nous ne pourrons l'interpréter que si tu nous le racontes. » Alors le roi ordonne d'exécuter tous les devins et tous les mages du royaume.

Daniel apprend ce que Nabuchodonosor a ordonné. Il va le voir et lui dit : « Donne-moi un peu de temps. J'interpréterai ton rêve. » Puis il se dépêche de retourner voir ses amis. Ils prient Dieu et lui demandent de faire connaître à Daniel le rêve du roi. Dans la nuit, Dieu montre à Daniel tout ce qu'il doit savoir. Le lendemain matin, Daniel se rend auprès du roi : « Notre Dieu, qui est au ciel, nous révèle tous les mystères. Il m'a expliqué ton rêve. Écoute-moi, tu as vu une statue immense. Elle était grande et brillait. Sa tête était en or pur. Sa poitrine et ses bras étaient en argent, son corps et ses hanches, en bronze. Les jambes étaient de fer, les pieds étaient de métal et d'argile. Tu as vu que, sans le concours de l'homme, un rocher s'est détaché d'une montagne, est tombé sur les pieds de métal et d'argile du géant et les a écrasés. L'argent et l'or se sont brisés et sont devenus poussière, que le vent a emportée. Le rocher qui avait touché la sculpture s'est transformé en montagne et a recouvert la terre entière. » Daniel donne au roi la signification du rêve : « Tu es la tête en or de cette statue. Les autres parties sont les royaumes qui vont te succéder. Certains seront puissants, d'autres, faibles et fragiles. Mais Dieu lui-même détruira tous ces royaumes pour en établir un pour l'éternité. »

Le roi est très surpris de toutes les paroles de Daniel. Il lui dit : « Votre Dieu peut vraiment révéler des mystères. Il est le plus grand. » Le roi donne à Daniel une haute fonction à la cour.

Daniel dans la fosse aux lions

Daniel 6,2-29

Succédant à Nabuchodonosor, Darius devient roi. Il nomme trois conseillers à la tête de son royaume, parmi lesquels Daniel. Le roi l'apprécie beaucoup. Il aimerait faire de lui son conseiller principal. Mais les deux autres ont vent de cette intention et en sont jaloux : ils veulent causer du tort à Daniel. Ils cherchent des occasions de se plaindre de lui au roi, mais ne trouvent rien. Alors ils imaginent un stratagème : ils suggèrent au roi d'interdire que quelqu'un adresse ses demandes à un dieu ou à un autre homme que lui durant les trente prochains jours. Il n'y a qu'au roi que l'on peut adresser des requêtes. Quiconque ne respectera pas ce décret sera jeté dans la fosse aux lions. Le roi donne son accord.

Malgré cet ordre, Daniel s'agenouille trois fois par jour devant sa fenêtre ouverte pour prier Dieu. Les hommes qui lui veulent du mal s'approchent en silence et l'observent. Puis ils se rendent auprès du roi : « Tu as ordonné que quiconque adresserait des prières à un autre que toi soit puni de la peine de mort, n'est-ce pas ? » Le roi acquiesce. Les hommes rapportent que Daniel prie trois fois par jour son Dieu. Le roi est très ennuyé que ce soit précisément Daniel qui n'ait pas respecté sa volonté. Il voudrait lui sauver la vie. Mais les hommes s'indignent : « Tu ne dois faire aucune exception, sinon, plus personne ne te respectera ! » Darius n'a plus le choix, il doit faire jeter Daniel dans la fosse aux lions. En guise d'adieu, il lui dit : « Puisse ton Dieu, que tu sers si fidèlement, te sauver ! » La fosse aux lions est fermée par une grosse pierre.

Le roi est très triste. Il refuse tous les plats qu'on lui apporte et ne dort plus. Au petit matin, il se lève et se rend à la fosse aux lions. Il crie d'une voix pleine de douleur : « Daniel, toi le serviteur du Dieu vivant, ton Dieu t'a-t-il sauvé des lions ? » De la fosse s'élève la voix de Daniel : « Oui, mon Dieu a envoyé son ange, qui a fermé les gueules des lions, et ceux-ci ne m'ont rien fait. À leurs yeux, je suis innocent. »

Le roi se réjouit et fait sortir Daniel de la fosse. Ce dernier ne présente aucune égratignure. Puis le roi donne l'ordre d'y jeter les hommes qui ont dénoncé Daniel. À peine ont-ils touché le sol de la fosse que les lions se jettent sur eux et les dévorent. Puis le roi fait proclamer à tous les peuples de la Terre : « Le Dieu de Daniel est le Dieu vivant. Il vit pour l'éternité. Son royaume ne disparaîtra jamais, il sauve et il libère ! »

Daniel poursuit sa vie auprès de Darius puis auprès de son successeur, le roi Cyrus. Il sait que Dieu le protège, il a confiance. Il devient ainsi une bénédiction pour beaucoup de monde.

Jonas et le gros poisson

Jonas 1-4

Dieu confie une mission à Jonas : « Prépare-toi et pars pour la ville de Ninive. Annonce à ses habitants que je ne supporterai pas leur méchanceté plus longtemps ! » Jonas se met en route. Mais il n'a pas envie d'aller à Ninive ni d'être un prophète de malheur. Il décide de fuir. Il marche vers le port de Jaffa et embarque pour Tarsis.

Quand le bateau atteint la pleine mer, une violente tempête éclate. Le bateau est ballotté par les vagues, il va se briser ! Les marins prennent peur, ils jettent la cargaison à la mer pour que le bateau s'allège. Jonas, lui, est descendu dans la cale la plus profonde et s'est endormi. Le capitaine le réveille et se fâche : « Comment peux-tu dormir dans un moment pareil ? Prie plutôt ton Dieu, qu'il nous sauve ! » Les marins tirent au sort pour savoir lequel d'entre eux est responsable de cette tempête. Le sort tombe sur Jonas. Ils le questionnent : « Dis-nous qui tu es, d'où tu viens et ce que tu fais. » Jonas explique qu'il a fui son Dieu, parce qu'il ne voulait pas remplir sa mission. Les marins lui demandent : « Que pouvons-nous faire pour que la mer se calme ? » Jonas répond : « Jetez-moi par-dessus bord. La mer se calmera et vous serez sauvés. Je sais que c'est par ma faute que vous subissez tout cela. »

Les marins tentent d'abord de ramer de toutes leurs forces contre la tempête, en vain. Alors, ils se saisissent de Jonas et le jettent par-dessus bord. La mer se calme aussitôt. Les hommes sont pris d'une grande peur. Ils prient Dieu et lui font un sacrifice.

Dieu envoie un grand poisson, qui engloutit Jonas. Celui-ci passe trois jours et trois nuits dans son ventre. Là, il prie : « Des profondeurs, je crie vers toi ! Tu m'as jeté au plus profond du cœur des mers. Sauve-moi du ventre du poisson, sauve-moi des profondeurs de la mer ! » Dieu ordonne au poisson de vomir Jonas sur la terre ferme. Le poisson se rapproche donc de la côte et recrache Jonas sur le sable. Dieu parle encore à Jonas : « Reprends ta marche et va à Ninive, la grande ville. Là, tu parleras aux habitants comme je te le dirai. » Jonas marche donc vers Ninive, il n'ose pas s'enfuir à nouveau. Il arrive dans la grande ville. Elle est tellement vaste qu'il faut trois jours pour la traverser. Jonas parcourt les rues en criant : « Dans quarante jours, Ninive sera détruite ! » Les gens l'écoutent et le croient. Ils revêtent tous des vêtements de pénitence et le roi ordonne aux habitants de jeûner. Même les animaux ne doivent ni boire ni manger. Quand Dieu voit à quel point les habitants de Ninive prennent les paroles de Jonas au sérieux, il ne met pas sa menace à exécution.

Cela ne plaît pas du tout à Jonas, qui se plaint à Dieu : « Je savais bien que tu ne mettrais pas ta menace à exécution ! C'est pour cela que je voulais fuir à Tarsis ! Prends donc ma vie. Je préfère mourir plutôt que vivre ! » Mais Dieu réplique : « Est-il juste de te mettre en colère ? » Désappointé, Jonas quitte la ville et s'installe au-dessus des remparts. Il se tresse un toit de feuilles pour se protéger du soleil. Dieu fait pousser un plant de ricin à ses côtés pour que Jonas profite de son ombre. Jonas se réjouit du ricin. Mais, le lendemain, Dieu envoie un ver qui s'attaque à l'arbuste. Aussitôt ses branches dessèchent, et Jonas se retrouve en plein soleil. Ses rayons dardent si fort qu'il manque de s'évanouir. Il s'emporte une fois de plus : « Je préfère encore mourir ! » Dieu lui demande : « Est-il juste de te mettre en colère à cause d'un ricin ? Tu regrettes une plante que tu n'as ni semée ni soignée. Et moi, je ne devrais pas avoir pitié de Ninive, la grande ville, dans laquelle vivent plus de cent vingt mille habitants ? » Jonas n'a rien à répondre. Il reconnaît que Dieu est plus patient et plus miséricordieux qu'il le sera jamais.

LE NOUVEAU
TESTAMENT

L'ange Gabriel visite Zacharie

Luc 1,1-25

Au temps du roi Hérode vit un prêtre appelé Zacharie. Il est déjà vieux, et sa femme Élisabeth aussi. Ils observent les préceptes de Dieu, mais malheureusement ils n'ont pas d'enfant. Un jour, c'est au tour de Zacharie d'assurer son service au Temple. Il accomplit un sacrifice, pendant que le peuple se tient à l'extérieur et prie. Tout à coup, un ange apparaît à côté de l'autel. Zacharie prend peur. L'ange lui dit : « N'aie pas peur, Zacharie. Tes prières ont été entendues. Ta femme va donner naissance à un fils. Tu lui donneras le nom de Jean. Il fera ta joie et celle de beaucoup d'autres. Dès sa naissance, il sera empli de l'Esprit saint et conduira de nombreux hommes à Dieu. » Zacharie ne peut pas croire ce que lui annonce l'ange. Il dit : « Je suis un vieil homme et ma femme est vieille, elle aussi ! Comment Dieu pourrait-il nous donner un fils ? » L'ange répond : « Je suis Gabriel, messager de Dieu. Il m'a envoyé pour t'annoncer cette bonne nouvelle. Mais tu ne me crois pas. Pour cette raison, tu vas devenir muet et ne pourras plus prononcer un mot jusqu'à ce que se réalise ce que je t'ai annoncé. »

À l'extérieur du temple, le peuple se demande pourquoi Zacharie reste aussi longtemps enfermé. Quand il ressort enfin, il n'arrive pas à parler. Les gens comprennent qu'il a eu une apparition. Zacharie fait un signe de la main, mais sa bouche reste muette.

Zacharie reste quelques jours encore au Temple pour faire son service. Puis il rentre chez lui. Peu après, malgré son grand âge, sa femme Élisabeth tombe enceinte. Retirée dans sa maison, elle loue le Seigneur : « Dieu m'a aidée. Il m'a regardée avec bienveillance. »

L'ange Gabriel apparaît à Marie

Luc 1,26-48

Quand Élisabeth atteint son sixième mois de grossesse, Dieu envoie l'ange Gabriel à Marie. Marie est une jeune fille qui vit dans la petite ville de Nazareth. Elle est fiancée à un homme appelé Joseph. Elle ne vit pas avec lui, mais habite encore chez ses parents. L'ange Gabriel entre chez elle : « Je te salue, Marie ! Tu es bénie ! Dieu est avec toi. » Marie est effrayée par ces mots, parce qu'elle ne comprend pas ce que l'ange veut lui dire. L'ange reprend : « N'aie pas peur, Marie. Dieu t'a choisie pour être la mère de son enfant. Tu vas avoir un fils. Tu lui donneras le nom de Jésus. On l'appellera Fils du Très-Haut. Il sera roi et son royaume sera éternel. » Marie demande alors : « Comment cela se fera-t-il ? Je ne suis pas encore mariée. » Elle ne doute pas du message de l'ange, au contraire de Zacharie. Elle croit ce que lui dit Gabriel.

Mais elle veut comprendre comment tout cela va se passer. L'ange lui explique : « L'Esprit saint te couvrira. La puissance de Dieu s'étendra sur toi. L'enfant que tu mettras au monde sera appelé Fils de Dieu. » Marie écoute ces paroles, qu'elle essaie de comprendre. Gabriel lui parle d'Élisabeth : « Ta cousine Élisabeth est enceinte elle aussi, malgré son âge. Elle en est déjà au sixième mois. Rien n'est impossible à Dieu. » En entendant cela, Marie a tout de suite confiance. Elle répond à l'ange : « Que tout se passe comme tu l'as dit. » Qu'arrivera-t-il ? Elle ne le sait pas, mais reste ouverte aux paroles de l'ange et place sa confiance en Dieu.

Marie est enceinte. Elle ne se retire pas à l'intérieur de sa maison comme l'a fait Élisabeth. Au contraire, elle choisit de rendre visite à sa cousine. Trois jours durant, elle marche à travers les collines pour aller jusqu'à la maison d'Élisabeth. Elle la salue et l'embrasse. À cet instant, Élisabeth sent son enfant bouger dans son ventre. Elle comprend ce qui arrive à sa jeune cousine. « Bénie sois-tu, Marie, lui dit-elle. Et béni soit l'enfant que tu portes. Loué sois-tu, mon Dieu, qui laisse la mère de mon Seigneur me rendre visite ! » Élisabeth a compris que Marie porte l'enfant de Dieu. Elle ajoute : « Sois louée, Marie, pour avoir cru ce que t'annonçait le messager de Dieu ! » Marie est très étonnée de toutes les paroles d'Élisabeth. Elle loue le Seigneur de tout son cœur : « Mon âme loue le Seigneur, mon esprit exulte en Dieu, mon Sauveur ! Il s'est penché sur moi, qui suis insignifiante. Désormais tous me diront bienheureuse. »

La naissance de Jean

Luc 1,57-80

Au bout de neuf mois, Élisabeth donne naissance à un fils. Ses voisins et ses proches lui rendent visite et se réjouissent avec elle. À l'époque, on faisait une fête pour les huit jours de l'enfant et on lui donnait un nom. Les proches proposent de l'appeler Zacharie, comme son père. Élisabeth les contredit : « Non, il s'appellera Jean ! » Tout le monde s'étonne : « Aucun membre de la famille ne se prénomme Jean ! Pourquoi veux-tu l'appeler ainsi ? » Ils questionnent à ce sujet le père de l'enfant. Zacharie reste muet. Il demande donc une tablette pour écrire. À la surprise générale, il écrit : « Son nom est Jean. » Aussitôt sa langue se délie : il peut à nouveau parler. Il est tellement heureux de la naissance de son fils, qu'il compose un long chant de louange à la gloire de Dieu : « Béni soit le Seigneur, le Dieu d'Israël ! Il a visité son peuple, il est venu jusqu'à nous. Il nous apporte le salut et la délivrance, il guérit nos blessures et pardonne nos péchés. » Lorsque les gens apprennent tout cela, ils sont saisis de crainte. Ils se demandent aussi ce que va devenir cet enfant. Si sa naissance est déjà un tel miracle, quels signes provoquera l'enfant lui-même ? Ils devinent que Dieu a des intentions particulières pour lui.

Jean grandit. Adulte, il se retire au désert. Là, il s'ouvre à l'appel de Dieu. Sentant le moment venu, Jean parcourt le pays et incite les gens à revenir à Dieu.

La naissance de Jésus

Luc 2,1-20

En ce temps-là, l'empereur Auguste règne sur l'Empire romain. L'Empire romain est immense et s'étend presque sur la totalité du monde connu. La Palestine est occupée par les Romains elle aussi. L'empereur Auguste aimerait connaître le nombre d'habitants tenus de lui payer des impôts. Il donne donc l'ordre de recenser la population. Tout homme doit se rendre dans sa ville d'origine pour se faire porter sur les listes des impôts. Joseph de Nazareth, le fiancé de Marie, doit lui aussi se soumettre à cet ordre. La naissance est proche, mais Joseph et Marie prennent le chemin de Bethléem, la ville dont Joseph est originaire.

Quand ils arrivent à Bethléem, la ville est bondée. Marie et Joseph frappent à de nombreuses portes pour trouver un endroit où dormir, mais nulle part il n'y a de place pour eux. Un aubergiste finit par avoir pitié et leur propose de s'installer dans son étable.

Joseph dispose de la paille et installe une couche pour Marie. Là, elle met au monde un fils. Ils lui donnent le nom de Jésus.

Durant cette même nuit, des bergers bivouaquent avec leurs troupeaux dans les champs aux abords de la ville. Ils montent la garde pour protéger leurs moutons des attaques de loups. Autour de leur feu de camp, ils écoutent les bruits de la nuit. C'est alors qu'un ange du Seigneur leur apparaît dans un halo de clarté. Devant tant de lumière, les bergers prennent peur : la nuit devient claire comme le jour ! L'ange s'adresse à eux d'une voix douce : « N'ayez crainte ! Je vous annonce une grande joie : aujourd'hui, à Bethléem, un sauveur vous est né. Il est le Messie. Il va délivrer le peuple et le libérer de tous ses jougs. » Emplis d'étonnement, les bergers l'écoutent. L'ange poursuit : « Voici un signe : vous trouverez un enfant emmailloté dans une crèche. » À peine a-t-il dit cela qu'il se retrouve entouré d'une multitude d'anges. Ensemble, ils se mettent à entonner un chant magnifique, que les bergers gardent en mémoire : « Gloire à Dieu au plus haut des cieux et paix sur la terre aux hommes qu'il aime. »

Les bergers ouvrent grand leurs yeux. Ils n'arrivent pas à croire ce qu'ils ont vu. C'est seulement lorsque les anges repartent qu'ils recouvrent leurs esprits : « Allons à Bethléem ! Allons voir si ce que nous ont dit les anges est bien vrai ! » Ils accourent vers la ville et trouvent l'étable dans laquelle Marie a accouché. C'est une étable toute simple, où des moutons et des chèvres, des bœufs et des ânes s'abritent. Les bergers découvrent Marie et Joseph, et leur enfant, installé dans une mangeoire. Ils regardent avec étonnement cet enfant dont l'ange a dit tant de merveilles. Tout joyeux, ils racontent à Marie et Joseph ce qui leur est arrivé. Marie et Joseph sont surpris de ce récit. Marie garde au fond de son cœur toutes les paroles des bergers. Elle ne les comprend pas, mais se les répète sans cesse. Peu à peu, elle saisit à quel point la naissance de son fils est un miracle.

Les astrologues

Matthieu 2,1-12

Quelque temps auparavant, loin de Bethléem, des astrologues observent le ciel, comme ils le font toutes les nuits. Ils lisent l'avenir dans les mouvements des étoiles. Cette nuit-là, ils observent une étoile nouvelle, plus brillante et plus claire que les autres. Quelque chose d'extraordinaire s'est passé. Un roi est né ! Les astrologues se mettent en route à la suite de l'étoile pour apporter leur hommage à ce roi et lui offrir de précieux cadeaux. Arrivés à Jérusalem, ils demandent aux passants où se trouve le fils du roi. Entendant cela, le roi Hérode prend peur : il craint que quelqu'un ne lui prenne son pouvoir. Il fait donc venir ses conseillers les plus instruits et leur ordonne de trouver où est né ce fils de roi. Dans les Écritures saintes, il est indiqué « à Bethléem ». D'après une vieille prédiction, c'est là que doit naître le messie.

Hérode fait venir les astrologues étrangers et les écoute avec attention. « Allez à Bethléem et cherchez cet enfant. Dès que vous l'aurez trouvé, faites-le-moi savoir, pour que je puisse à mon tour l'adorer. » Mais Hérode a de mauvaises intentions : il veut tuer l'enfant, car il a peur de perdre son pouvoir.

L'étoile guide les astrologues jusqu'à Bethléem et s'arrête au-dessus du lieu où se tiennent Marie, Joseph et l'enfant. Ils entrent et s'agenouillent devant Jésus : « Ce nouveau-né est le roi d'Israël. » Ils lui offrent des cadeaux : de l'or, de l'encens et de la myrrhe.

Après avoir séjourné à Bethléem, les astrologues passent la nuit dans une auberge. Un ange leur apparaît en songe : « Ne retournez pas voir Hérode ! Il en veut à la vie de l'enfant. Rentrez dans votre pays par un autre chemin. » C'est ce qu'ils font.

La fuite en Égypte

Matthieu 2,13-23

Quand Hérode s'aperçoit que les astrologues ont pris un autre chemin, il se met en colère. Il ne supporte pas qu'on puisse lui désobéir. Dans sa rage, il ordonne que l'on tue tous les enfants nés à cette période à Bethléem et dans les environs. Un immense cri de douleur s'élève dans tout le pays.

Mais la décision du roi reste vaine. Un ange apparaît en songe à Joseph : « Lève-toi, prends l'enfant avec sa mère et fuis vers l'Égypte. Hérode cherche à tuer le bébé. » Joseph charge son âne et avec Marie et Jésus, prend le chemin de l'Égypte. Lorsque les soldats d'Hérode arrivent à Bethléem, Joseph et Marie sont déjà loin. Une bougie placée dans une lanterne éclaire leur chemin et un ange leur indique la direction. L'ange les protège de tous les dangers, animaux sauvages ou brigands, et envoie les soldats du roi dans la direction opposée. C'est ainsi que Joseph et Marie arrivent sains et saufs en Égypte, et y restent longtemps.

Une nuit, un ange apparaît à Joseph : « Hérode est mort. Tu peux retourner en Israël. Personne ne fera de mal à l'enfant. » Ils retournent donc tous les trois dans leur village de Nazareth. Un nouveau roi, plus clément, règne sur le pays. Joseph reprend son travail de charpentier, son petit garçon à ses côtés. Jésus grandit comme n'importe quel enfant du petit village de Nazareth.

Jésus au Temple

Luc 2,41-52

Chaque année, les familles de Palestine se rendent à Jérusalem pour la fête de la Pâque. Marie et Joseph respectent eux aussi cette tradition. L'année des douze ans de Jésus, ils l'emmènent avec eux. Une foule immense se presse dans Jérusalem. C'est une très belle fête et ils sont heureux de la vivre ensemble.

À la fin de la fête, Marie et Joseph reprennent la route de Galilée avec les autres pèlerins. Jésus n'est pas avec eux, mais ils supposent qu'il est parti devant avec d'autres parents. Le soir, ils cherchent un endroit où faire étape. Ils pensent que Jésus va les rejoindre : ce n'est pas le cas. Alors, ils partent à sa recherche. Ils questionnent tous les pèlerins qu'ils croisent, Jésus a disparu. Ni Marie ni Joseph ne trouvent le sommeil cette nuit-là. Le lendemain matin, ils rebroussent chemin. Arrivés à Jérusalem, ils retournent à la maison où ils étaient hébergés. Personne n'a vu Jésus. Marie et Joseph poursuivent leurs recherches. Leur inquiétude ne fait que croître. Ils se reprochent d'avoir pris le chemin du retour sans leur fils.
Au bout de trois jours, Marie et Joseph le retrouvent enfin. Il est dans le Temple, assis au milieu des docteurs de la Loi. Il les écoute et les questionne. Les spécialistes et l'assistance sont stupéfaits devant ce jeune garçon, qui pose des questions si intelligentes et donne de si bonnes réponses. « D'où tient-il donc toute cette sagesse ? Il est si jeune ! » Quand Marie l'aperçoit, elle se précipite vers lui : « Comment as-tu pu nous faire cela ? Pourquoi ne nous as-tu pas dit que tu restais ici ? Ton père et moi avons eu si peur ! Cela fait trois jours que nous te cherchons ! – Pourquoi vous inquiéter ? Où pouvais-je donc être, si ce n'est dans la maison de mon Père ? » répond Jésus. Marie et Joseph ne comprennent pas les paroles de Jésus. Marie les garde pourtant bien au fond de son cœur...

Jésus rejoint ses parents et rentre avec eux à Nazareth. C'est un fils obéissant. Il continue de travailler avec Joseph dans son atelier.
Les gens l'aiment bien, car il est d'une grande sagesse. Il étudie les Écritures. Plus que d'autres, il réfléchit au sens de la vie, et accorde beaucoup d'importance à son lien avec Dieu, son Père.

Jean baptise Jésus

Matthieu 3,1-17 ; Marc 1,4-11 ; Luc 3,1-22

Jean, le fils d'Élisabeth et de Zacharie, est parti vivre au désert. Il invite les gens à changer de vie et à se tourner vers Dieu. Il vit très simplement. Il porte une tunique en poils de chameau et une ceinture de cuir. Pour manger, il se contente de sauterelles et de miel sauvage. Il impressionne beaucoup les gens. Nombreux sont ceux qui se déplacent pour le voir, écouter ses paroles et se faire baptiser par lui dans le Jourdain. C'est une façon d'être lavé de ses péchés et de commencer une nouvelle vie.

Les paroles de Jean sont très dures. « Engeance de vipère, quand donc témoignerez-vous de votre désir de conversion ? Tout arbre qui ne porte pas de fruits sera abattu et jeté dans le feu ! ». Les gens lui demandent : « Que devons-nous faire ? » « Que celui qui possède deux vêtements en donne un à celui qui n'en a pas ! Que celui qui a à manger en donne à celui qui a faim ! » Des publicains, qui prélèvent les impôts pour les Romains, viennent aussi consulter Jean. À cette époque, ces hommes sont haïs, car ils travaillent pour le compte des Romains et réclament toujours plus de taxes aux habitants. « Que pouvons-nous faire ? » demandent-ils. « N'exigez jamais plus que ce qui est inscrit dans le règlement. » Aux soldats, Jean indique : « Ne malmenez jamais personne, n'accusez personne à tort. Contentez-vous de votre solde. »

Puis vient Jésus. Il veut lui aussi être baptisé dans le Jourdain. Jean proteste : « C'est toi qui devrais me baptiser ! Et tu viens me voir ? » Jésus réplique : « Fais ! Dieu m'a demandé de me faire baptiser par toi. » Alors Jean plonge Jésus dans l'eau du fleuve. Jésus prie. Soudain, le ciel s'ouvre et l'Esprit de Dieu descend sur Jésus comme une colombe. Du ciel résonne une voix : « Tu es mon Fils, mon aimé. En toi, je trouve ma joie ».

Sur les rives, les gens ont vu l'Esprit descendre sur Jésus et ont entendu la voix de Dieu. Jean leur dit : « Il est celui qui vient avant moi.

Moi, je baptise dans l'eau. Je ne suis pas digne de délier la courroie de ses sandales. Lui, il baptise dans l'Esprit saint. Il est le Fils de Dieu. » Les gens écoutent ces paroles et regardent Jésus avec étonnement. Mais Jésus s'éloigne pour se retirer dans le désert.

Jésus dans le désert

Matthieu 4,1-11 ; Luc 4,1-14

Jésus se retire au désert et reste quarante jours à jeûner. Il a faim. C'est à ce moment que survient le diable pour le tenter. « Si tu es vraiment le Fils de Dieu, transforme donc ces pierres en pain ! Tu peux faire des miracles. Fais-donc un miracle pour toi, pour ne pas mourir de faim ! » Jésus devine que ces paroles ne viennent pas de Dieu, mais du diable. « Il est écrit dans la Bible : l'homme ne vit pas que de pain, mais aussi de toutes les paroles qui sortent de la bouche de Dieu. La parole de Dieu me nourrit davantage que le pain que je pourrais manger. »

Le diable comprend qu'il ne va pas être facile de tenter Jésus. Il l'emmène au sommet d'une montagne. Là-haut, le regard porte loin. Le diable dit alors : « Regarde vers le sud : on y voit de nombreux royaumes. Regarde vers le nord : là aussi, il y a beaucoup de royaumes. Je te les donnerai tous ! Tu seras le roi le plus puissant du monde, si tu te jettes à mes pieds et si tu m'adores. »

Jésus comprend que l'on peut avoir la tentation de dominer tous les hommes, mais il résiste. « Dans la Bible, il est écrit : "C'est le Seigneur ton Dieu que tu honoreras, il n'y a que lui que tu serviras." »

Le diable comprend que même la promesse d'avoir le pouvoir et la puissance ne tente pas Jésus. Il transporte Jésus jusqu'à Jérusalem. Il l'amène sur le toit du Temple. De là, Jésus peut contempler toute la ville. Le diable essaie de le convaincre : « La Bible dit que Dieu a ordonné à ses anges de te protéger. Les anges te porteront : il ne peut rien t'arriver. Essaie ! Jette-toi d'ici ! Les anges te sauveront ! »

Jésus sait que le diable n'interprète pas correctement les paroles de la Bible. Il répond en citant un autre verset des Écritures : « Tu ne mettras pas le Seigneur, ton Dieu, à l'épreuve. »

Le diable comprend son impuissance. Il ne réussit pas à écarter Jésus du chemin de Dieu. Déçu, il s'en va. Jésus, lui, retourne dans le désert. Là, des anges viennent et le servent. Ils lui apportent à manger et il reprend des forces. Puis il part pour la Galilée.

Jésus appelle les premiers disciples

Matthieu 4,17-25 ; 9,9-13 ; Marc 1,14-34 ; 2,14-17 ; Luc 4,31-37

Jésus parcourt la Galilée et prêche. « Le temps est accompli. Le royaume de Dieu est proche. Convertissez-vous, et écoutez la Bonne Nouvelle : Dieu vous est proche et vous aime. » Les gens sont étonnés par les paroles de Jésus. Elles ne sont pas aussi rudes que celles de Jean dans le désert. Jésus parle aux hommes de l'amour de Dieu.

Un jour, Jésus marche sur la berge du lac de Galilée. Il aperçoit Simon et son frère André. Tous deux sont pêcheurs. Ils n'ont pas de bateau, mais seulement des filets de pêche. Pour prendre les poissons, ils sont debout dans l'eau et jettent leurs filets. Jésus leur dit : « Venez ! Suivez-moi ! Je vais faire de vous des pêcheurs d'hommes. Vous ne pêcherez plus de poissons mais des hommes, que vous mènerez à Dieu. » Les deux frères sentent le rayonnement de Jésus. Ils délaissent leurs filets et le rejoignent.

Jésus continue de parcourir la rive du lac. Il aperçoit cette fois Jacques et son frère Jean. Dans le bateau de leur père, Zébédée, ils réparent leurs filets. Ils sont plus riches que Simon et André et possèdent une petite flotte de pêche. Ils ont des employés. Grâce à leurs bateaux, ils peuvent atteindre le milieu du lac pour y jeter leurs filets. Jésus les appelle : « Venez ! Suivez-moi ! Je ferai de vous des pêcheurs d'hommes. » À leur tour, les deux hommes sont touchés par la voix de Jésus. Ils devinent qu'il peut leur ouvrir des chemins complètement nouveaux. Ils quittent donc leur père et leurs bateaux.

Désormais, quatre hommes suivent Jésus. Ils arrivent à Capharnaüm. Comme il est de coutume pour des juifs observants comme eux, ils se rendent à la synagogue pour le sabbat. Là, Jésus prêche. Les gens sont très surpris par ses paroles, qui ne ressemblent pas du tout aux paroles des scribes. Il ne discourt pas sur les choses pieuses. Il parle si bien de

Dieu que les gens en ressentent la présence. En l'écoutant, l'assemblée se dit : « Oui, c'est ainsi qu'est Dieu. L'annonce de Jésus nous rapproche de Dieu. »

Dans la synagogue se tient un homme dont l'âme n'est pas pure. Il est tellement insatisfait de sa vie qu'il n'a en tête que des images très sombres de Dieu. Lorsqu'il entend les propos de Jésus, il s'écrie : « Comment peux-tu parler ainsi ? Dieu n'est pas comme cela ! Il punit les hommes. Tous les hommes sont mauvais ! » Jésus devine que c'est un esprit impur qui parle à travers cet homme. Il ordonne : « Tais-toi et sors de cet homme ! » L'esprit secoue l'homme dans tous les sens, le jette à terre puis le quitte finalement en poussant un grand cri. L'homme se relève lentement. Son visage n'est plus tourmenté, mais dégage une grande sérénité. Les gens qui assistent à cette scène sont impressionnés. « Qu'est-ce que cela veut dire ? Ce Jésus donne un enseignement nouveau ! Même les esprits impurs lui obéissent ! »

Jésus quitte la synagogue avec ses disciples et se rend dans la maison où il est hébergé. Le soir venu, on lui amène beaucoup de malades et de possédés. La ville entière se presse devant sa porte. Jésus guérit de nombreux malades. Il chasse les esprits mauvais. Les possédés sont libérés.

Parcourant la Galilée, Jésus appelle encore d'autres disciples. Un jour, il s'adresse même à un collecteur des impôts, un publicain nommé Lévi. Il l'aperçoit, assis devant son bureau et lui lance : « Viens ! Suis-moi ! » Lévi se lève immédiatement et le rejoint. Il invite Jésus et ses disciples à manger chez lui. Les amis de Lévi, d'autres collecteurs des impôts, se joignent à eux. C'est un repas très gai, au cours duquel on mange beaucoup et on boit du bon vin. Mais les pharisiens, des hommes très pieux, qui respectent scrupuleusement la loi juive, s'indignent que Jésus puisse s'asseoir à la même table que les publicains. En ce temps, les collecteurs des impôts sont considérés comme des pécheurs, car ils manipulent de l'argent. Les pharisiens demandent aux disciples : « Comment votre Maître peut-il partager un repas avec ces gens-là ? » Jésus surprend cette remarque et réplique : « Les personnes en bonne santé n'ont pas besoin de médecin. Les malades, oui ! Je suis venu pour ramener les pécheurs sur le bon chemin. Je ne suis pas venu pour ceux qui savent déjà comment ils doivent mener leur vie. » Plus personne n'ose émettre une critique à l'encontre de Jésus.

Les noces de Cana

Jean 2,1-12

Jésus est de plus en plus apprécié. Un des membres de sa famille se marie. Jésus est invité à la noce, avec ses disciples. Marie, sa mère, est là, elle aussi. C'est une belle fête, avec une foule d'invités. Le mariage dure plusieurs jours. Les gens se réjouissent de boire du bon vin. Mais, comme les invités sont nombreux, le vin vient vite à manquer. Marie s'en rend compte. Elle va voir son fils et lui glisse : « Ils n'ont plus de vin. » Jésus lui répond, comme agacé : « En quoi cela me regarde ? Mon heure n'est pas encore venue. »

Marie sait qu'il a entendu sa demande et qu'il va y répondre. Elle ordonne donc aux serviteurs : « Faites tout ce qu'il vous dira. »

Lorsqu'un invité arrive à une fête, il faut qu'il commence par se laver les mains. Pour cet usage, six jarres de pierre de cent litres d'eau ont été installées. Il y a beaucoup de monde et les jarres sont vides. Jésus dit aux serviteurs : « Remplissez ces jarres d'eau ! » Les serviteurs ne comprennent pas la raison de cet ordre, mais ils s'exécutent, comme Marie le leur a dit. Ils vont chercher de l'eau au puits tout proche et remplissent les jarres. Jésus dit alors : « Maintenant, puisez, et portez-en à l'homme qui est responsable du repas. » Car, pour chaque mariage, il y a un maître du repas qui s'occupe des plats et des boissons. Les serviteurs lui apportent donc un peu d'eau. Le maître du repas la porte à ses lèvres : elle s'est transformée en vin. Il ne sait pas d'où vient ce vin, mais le trouve très bon. Il imagine que c'est le marié qui l'a fait livrer. Il lui glisse : « La plupart des gens servent à leurs invités le bon vin en premier. Puis, lorsque tout le monde a bien bu, ils font apporter le moins bon. Toi, tu as gardé le bon vin jusqu'à maintenant. » Le marié ne comprend rien. Lui non plus ne sait pas d'où vient ce vin. Les serviteurs expliquent alors que c'est Jésus qui a transformé l'eau des jarres en vin. Les invités s'émerveillent de ce miracle. Ils reconnaissent que Jésus a une grande puissance. Ils se réjouissent aussi que la noce continue !

Les disciples, qui ont tout observé, commencent à croire en lui. Ils savent désormais que Jésus est vraiment l'Envoyé de Dieu, car seul Dieu peut accomplir de tels miracles.

Le semeur et la graine de moutarde

Matthieu 13,1-9.18-23.31-32

Jésus ne prêche pas que dans les synagogues. Il enseigne aussi au bord du lac de Galilée. Un jour, les gens venus l'écouter sont tellement nombreux que sa voix n'est pas assez forte pour que tous l'entendent. Jésus monte alors dans une barque, qui lui sert de chaire : là, il peut parler de manière que tous ceux qui se tiennent sur la rive le comprennent. Tous écoutent attentivement.

Jésus ne tient pas de longs discours ennuyeux. Il emprunte ses exemples à la vie courante. Souvent, il fait des comparaisons, raconte de brèves histoires : il parle par paraboles.

Il raconte l'histoire suivante : « Un semeur va au champ pour y semer ses graines. Une partie des graines tombe sur le chemin et les oiseaux les picorent. Une autre partie tombe sur le sol pierreux. Elles lèvent mais dessèchent aussitôt. La troisième partie tombe dans les ronces, et les ronces les étouffent. Les dernières, enfin, tombent dans la bonne terre du champ, et portent de nombreux fruits. »

Les gens comprennent qu'il parle d'eux. La parole de Dieu, ce sont les graines. Le cœur, c'est la bonne terre du champ. Si le cœur est ouvert, il peut accueillir la parole de Dieu et donner de beaux fruits. Les gens aiment écouter Jésus, car ils comprennent ce qu'il veut leur dire. Il leur parle de leur propre vie.

Jésus évoque le royaume de Dieu. Il cherche à faire comprendre aux hommes que Dieu leur est proche : « Dieu veut régner sur vos cœurs. Ne vous laissez pas guider par d'autres hommes ou par vos propres besoins. Si Dieu habite votre cœur, votre vie sera riche et féconde. »

Pour se faire comprendre, il utilise une nouvelle comparaison : « Le royaume de Dieu est comme une graine de moutarde. C'est la plus petite de toutes les semences. On la voit à peine. Pourtant, quand elle pousse, elle dépasse toutes les autres plantes et devient un arbre.

Les oiseaux viennent y faire leur nid. Les oisillons gazouillent dans ses branches. »

À côté du grand peuple d'Israël, le cercle des disciples de Jésus est comparable à une graine de moutarde. Jésus les encourage : leur petite communauté pourra s'étendre au monde entier.

Jésus guérit un paralytique

Marc 2,1-12 ; Luc 5,17-26

Jésus enseigne souvent sur la rive du lac. Parfois, il prêche aussi dans la maison où il vit avec ses disciples, à Capharnaüm. Un jour, la maison est tellement pleine que personne ne peut plus y entrer. C'est alors qu'arrivent quatre hommes, qui portent un homme paralysé, couché sur un brancard. Ils espèrent que Jésus pourra le guérir. Mais ils ne peuvent atteindre que la porte. Impossible d'aller plus loin, tant il y a de monde. Après s'être concertés, les quatre hommes montent sur le toit. En ce temps-là, les toits sont faits de poutres de bois, sur lesquelles sont posés des gerbes de joncs. Ce chaume est à son tour recouvert d'argile. Les hommes ouvrent un trou dans le toit. Les gens de la maison, en levant la tête, distinguent les montants de la civière sur laquelle se trouve le paralysé. Jésus lève la tête et aperçoit les visages des quatre hommes sur le toit. Quelle foi et quel courage !

Lentement, ils font descendre la civière dans la pièce. Jésus se tourne vers le malade. Celui-ci pense : « Ça y est ! Il va me guérir ! » Mais Jésus lui dit alors : « Mon fils, tes péchés sont pardonnés. » Le paralysé est déçu, car il espérait pouvoir marcher à nouveau. Mais il se souvient aussi que, jusqu'à présent, il n'a pas vécu comme il aurait dû. Pour cette raison, la phrase de Jésus lui fait du bien.

Cependant, des scribes qui assistent à la scène ruminent : « Comment Jésus peut-il pardonner ses péchés à ce malade ? Seul Dieu peut pardonner les péchés, pas un homme ! » Ils s'indignent du comportement de Jésus, mais ne disent rien. Jésus se doute de ce qui se passe dans leurs têtes. Il les questionne : « Qu'est-ce qu'il est plus facile de dire : "Tes péchés te sont pardonnés" ou bien "Lève-toi, prends ta civière et marche ! ? " » Les scribes ne répondent pas. Jésus poursuit : « Eh bien, pour que vous sachiez que Dieu m'a donné le pouvoir de pardonner les péchés sur terre... » Et, en se tournant vers le paralytique : «... Lève-toi, prends ta civière et marche ! »

L'homme se lève immédiatement. Les mots de Jésus l'ont guéri. Il saisit sa civière, comme Jésus le lui a ordonné, la prend sous le bras et rentre chez lui.

Les gens sont bouleversés. Ils rendent grâce à Dieu : « Jamais nous n'avons vu chose pareille ! » Tous ceux qui ont assisté à ce miracle se réjouissent. Ils comprennent que Jésus est venu pour les guérir.

Le sermon sur la montagne

Matthieu 5,1-20.38-44; 6,7-13; 7,1-5.24-27; Luc 6,20-49

De plus en plus de gens viennent écouter Jésus. Voyant cette foule, il choisit de monter sur une montagne. Là, il s'assoit, entouré de ses disciples. Il prononce un long discours : « Heureux les pauvres de cœur, car le royaume des cieux est à eux. Heureux ceux qui pleurent, car ils seront consolés. Heureux ceux qui ne sont pas violents, car ils recevront la terre en héritage. Heureux ceux qui ont faim et soif de la justice, car ils seront rassasiés. Heureux les miséricordieux, car ils obtiendront miséricorde. Heureux les cœurs purs, car ils verront Dieu. Heureux les artisans de paix, car ils seront appelés fils de Dieu. Heureux ceux que l'on persécute parce qu'ils croient, car le royaume des cieux est à eux. »

Jésus se tourne vers ses disciples : « Vous êtes le sel de la terre. Vous apportez l'esprit de Dieu sur cette terre et cela lui donne une nouvelle saveur. Vous êtes la lumière du monde. Vous devez faire briller cette lumière pour tous les hommes, en faisant du bien, en aimant les autres, et en vous engageant pour la justice. Ainsi, grâce à vous, la lumière deviendra plus belle. »

Jésus leur explique comment ils peuvent être lumière pour le monde : « Ne vous contentez pas de ce que les pharisiens attendent de vous. Vous ne devez pas seulement vivre selon les préceptes de la Loi, mais avoir de bonnes pensées dans votre cœur. Vous ne devez pas faire payer le mal par le mal. Au contraire, il faut vaincre le mal par le bien. Aimez vos ennemis, car Dieu lui-même fait briller le soleil sur les bons et les mauvais. »

Ensuite, Jésus apprend aux disciples comment ils doivent prier : « Quand vous priez, ne rabâchez pas sans réfléchir. Votre Père sait de quoi vous avez besoin, avant même que vous l'ayez demandé. Priez donc ainsi : "Notre Père, qui es aux cieux, que ton nom soit sanctifié, que ton règne vienne, que ta volonté soit faite sur la terre comme au ciel. Donne-nous aujourd'hui notre pain de ce jour.

Pardonne-nous nos offenses, comme nous pardonnons aussi à ceux qui nous ont offensés. Et ne nous laisse pas entrer en tentation, mais délivre-nous du Mal." »

Jésus incite ses disciples à ne jamais juger les autres : « Celui qui juge autrui sera jugé lui-même. Certains voient la paille dans l'œil de leur frère, sans voir la poutre qui est dans le leur. Retirez d'abord la poutre qui est dans votre œil plutôt que la paille qui est dans celui de l'autre. »

Jésus conclut son sermon sur la montagne en parlant en images. « Celui qui entend mes paroles et les suit est un homme intelligent qui construit sa maison sur le rocher. Les tempêtes peuvent souffler et les raz-de-marée surgir, la maison reste en place. Celui qui n'écoute pas mes paroles est un homme insensé qui construirait sa maison sur le sable. Au moindre orage, elle s'écroulera. »

Jésus réveille la fille de Jaïre

Matthieu 9,18–19,23-26 ; Marc 5,21-24.35-43

Jaïre est un des chefs de la synagogue de Capharnaüm. Sa fille est très malade. Jaïre craint qu'elle ne meure. Il va voir Jésus qui prêche sur les rives du lac. Jaïre s'agenouille devant lui et le supplie de l'aider. « Viens chez moi ! Ma fille est en train de mourir ! Impose-lui les mains, elle recouvrera la santé. » Jésus voit la douleur de ce père et admire sa foi. Il décide de l'accompagner. Mais des connaissances de Jaïre viennent à leur rencontre : « Ta fille est morte ! Ce n'est pas la peine de déranger Jésus. Il n'y a plus rien à faire. » Jésus dit au chef de la synagogue : « N'aie pas peur. Crois seulement ! Et ta fille recouvrera la santé ! » Le père garde confiance. Jésus le suit dans sa maison, avec trois de ses disciples. En passant la porte, il entend les lamentations des personnes qui pleurent et entonnent déjà le chant funèbre. Jésus leur dit : « Pourquoi pleurez-vous ? Et pourquoi dites-vous la prière pour les morts ? L'enfant n'est pas morte. Elle dort seulement. » Les gens ne le croient pas et se moquent de lui. Jésus dit : « Sortez ! Je vais au chevet de l'enfant pour la guérir. » Accompagné des parents et de trois de ses disciples, il pénètre dans la pièce où la fille se trouve. Jésus lui prend la main et dit : « Talitha koum. » C'est de l'araméen, la langue maternelle de Jésus, et cela signifie : « Je te le dis, ma fille, lève-toi ! » Aussitôt, la jeune fille se lève. Tous sont frappés de stupeur. Ils la croyaient morte et voilà qu'elle marche à travers la pièce, embrasse ses parents. Ils sont dans la joie. Jésus leur dit alors : « Donnez-lui à manger, pour qu'elle reprenne des forces. Et que personne ne raconte ce qui s'est passé ici. »

Jésus guérit
le jour du sabbat

Matthieu 12,9-14 ; Marc 3,1-6

Le jour du sabbat, Jésus se rend à la synagogue, comme tous les juifs pieux. Il écoute les lectures et les prédications. Non loin de lui se tient un homme dont la main est comme morte. L'homme s'est assis un peu à l'écart, car il ne veut pas qu'on le remarque. Mais Jésus l'aperçoit et lui dit : « Lève-toi et place-toi au milieu ! » Les fidèles rassemblés dans la synagogue sont très attentifs aux paroles de Jésus. Or, le jour du sabbat, il est interdit de travailler. Cette interdiction vaut aussi pour les soins apportés aux malades. Sauf s'il s'agit d'une question de vie ou de mort. La main de cet homme ne présente pas de danger mortel. Aussi les juifs attendent-ils de voir ce que Jésus va faire.

Jésus remarque que les pharisiens le guettent. Il sait ce qu'ils pensent. « Qu'est-il autorisé le jour du sabbat ? De faire le bien ou le mal ? De sauver la vie ou de la détruire ? » Les pharisiens se taisent. Répondre que l'on peut faire le bien, c'est donner l'autorisation à Jésus de guérir le malade. Impossible aussi de répondre que l'on peut faire le mal le jour du sabbat. Ils se rendent compte que Jésus leur est supérieur et ne se laisse pas intimider. Alors, ils se taisent.

Jésus les observent, attristé par la dureté de leurs cœurs. Il se tourne à nouveau vers l'homme et lui dit : « Tends ta main ! » L'homme s'exécute. Il peut à nouveau bouger sa main, redevenue saine. Beaucoup se réjouissent. Mais les pharisiens quittent la synagogue très énervés et pleins de colère. Ils complotent pour arrêter Jésus. « Cet homme sème la confusion. Il ne respecte pas les lois, il nous prend notre pouvoir. Les gens ne nous respecteront plus et se tourneront vers lui. Il faut que nous empêchions cela. Il faut le tuer. » Mais leurs manigances n'empêchent pas Jésus de poursuivre la mission que Dieu lui a confiée.

L'histoire du pharisien et du collecteur d'impôts

Luc 18,9-14

Jésus observe les gens. Il voit que certaines personnes très pieuses sont convaincues de savoir ce qui est bon, ce qui est mauvais et ce qu'il faut faire. Ces personnes se jugent supérieures à tous ceux qui sont moins pieux qu'elles. Alors, Jésus leur raconte cette anecdote :

« Deux hommes se rendent au Temple pour prier. L'un est un pharisien très pieux, l'autre est un collecteur d'impôts, que tous considèrent comme un pécheur. Le pharisien se tient debout dans le Temple et adresse ses prières à Dieu. En fait, c'est comme s'il s'adressait des prières à lui-même, car il ne parle que de lui. Il dit : "Mon Dieu, je te remercie car je ne suis pas comme tous ces hommes qui ne respectent pas tes commandements. Il y a tant de gens malhonnêtes, voleurs, trompeurs ! Je n'ai jamais séduit la femme d'un autre, et je vis selon ta loi. Je ne suis pas non plus comme ce collecteur d'impôts, là-bas au fond, qui essaie de prier. Comment peut-il donc te prier, c'est un si mauvais homme ! Moi, je suis bon. Je jeûne deux fois par semaine. Je paie mes impôts à l'heure dite, et je les ai même augmentés de mon propre chef. Ils atteignent maintenant un dixième de tous mes revenus. Je te remercie, car je fais tout ce qu'il faut et je suis un homme bon." Le pharisien ne pense pas à Dieu en faisant cette prière. Il ne regarde que son propre nombril et se sent supérieur aux autres.

Le collecteur d'impôts, lui, est au fond du Temple. Il n'ose pas s'avancer aussi près que le pharisien. Il n'ose pas non plus lever les yeux vers le ciel. Il reste courbé et se frappe la poitrine de son poing. Il ne prononce qu'une très brève demande : "Mon Dieu ! Aie pitié de moi, pauvre pécheur." Puis il garde le silence longuement. Il est conscient de ses fautes et de ses erreurs, mais il espère profondément que Dieu lui pardonnera. Son corps est entièrement avec Dieu. »

Jésus termine son histoire : « Je vous le dis : quand ce collecteur d'impôts, qui a conscience de ses péchés, est rentré chez lui, il était devenu un homme juste. La miséricorde divine lui avait été accordée. Dieu lui a pardonné et l'a relevé. Le pharisien, lui, n'est pas rentré chez lui en homme juste, mais en pécheur. Car il s'est glorifié lui-même. Celui qui ne dit que du bien de lui-même ne se rend pas compte que le mal l'attire vers le bas. Celui qui s'abaisse a conscience de sa petitesse : il est élevé par Dieu, qui lui accorde son pardon. »

La parabole des ouvriers de la vigne

Matthieu 20,1-16

Jésus est un orateur de talent. Les gens aiment beaucoup l'écouter. Parfois, son auditoire s'indigne : « Non ! Ça n'est pas possible ! Dieu ne peut pas être comme ça ! Ce n'est pas juste ! » Jésus leur ouvre les yeux et leur montre qui est vraiment Dieu. Il raconte l'histoire suivante : « Le royaume des cieux, c'est ce maître de maison qui se lève à l'aube et sort de chez lui recruter des ouvriers pour sa vigne. Sur la place du marché, il croise quelques hommes qui sont prêts à travailler pour lui. "Je vous embauche, leur dit-il, pour un denier par jour." À neuf heures, le maître retourne sur la place, car il a besoin de plus d'ouvriers. Il avise un groupe d'hommes, qui sont là à ne rien faire : "Allez à ma vigne. Je vous paierai ce qui est juste." Les hommes l'accompagnent à leur tour. Il recommence encore, à midi et à trois heures de l'après midi. À cinq heures, le maître retourne une dernière fois sur la place, et embauche de nouveaux ouvriers pour ses vignes, bien que la journée soit presque terminée. Le soir venu, le maître fait

sonner la trompette, pour faire cesser le travail. Tous se rassemblent autour de lui pour recevoir leur salaire. Il demande à ce que les derniers embauchés se présentent à lui en premier. Il donne chacun un denier. Les ouvriers sont contents, car ils n'ont travaillé qu'une heure. Les autres s'attendent alors à recevoir une plus grosse somme, puisqu'ils ont travaillé davantage. Mais ils ne reçoivent qu'un denier. Même ceux qui sont là depuis le petit matin. Ils se plaignent au maître du domaine : "Ces hommes n'ont travaillé qu'une heure et tu leur donnes autant d'argent qu'à nous ! Nous sommes fourbus après une journée de labeur. Nous avons dû supporter la chaleur. Et tu nous donnes autant qu'à eux ?" Le maître du domaine se tourne alors vers l'un deux : "Mon ami, tu n'es pas victime d'une injustice. Nous nous étions mis d'accord sur un denier par jour, non ? Alors prends ton argent et pars ! Je veux donner la même somme à ceux qui étaient les derniers. N'ai-je pas le droit de faire ce que je veux avec ce qui m'appartient ? Ou bien es-tu jaloux que je fasse du bien aux autres ?" Les ouvriers qui avaient commencé à sept heures ne comprirent pas trop ce que voulait dire le maître. Mais un denier était bien le salaire convenu, et ça, ils le savaient. »

Les personnes qui ont écouté cette histoire sont surprises par l'attitude du maître. Ils comprennent que Dieu agit de même : chacun reçoit de Dieu ce dont il a besoin, car à ses yeux les hommes sont tous égaux.

Cinq mille hommes sont rassasiés

Matthieu 14,13-21 ; Marc 6,30-44 ; Luc 9,10-17 ; Jean 6,1-15

Jésus envoie ses disciples pour annoncer la Bonne Nouvelle. Il leur a aussi donné le pouvoir de soigner les malades et de libérer les personnes habitées par des esprits mauvais. Il les envoie deux par deux dans les villages alentour. Une fois leur mission accomplie, les disciples reviennent. Ils veulent raconter à Jésus tout ce qu'ils ont vécu. Difficile de lui parler…

Jésus leur dit : « Retirons-nous dans un endroit plus calme, où nous serons seuls. Reposez-vous un peu, puis vous me raconterez. »

Jésus et ses disciples prennent une barque pour s'en aller. Quand ils montent dans le bateau, les gens les observent et comprennent leur intention. Ils marchent alors sur la rive du lac de Génésareth dans la même direction et arrivent avant eux à l'endroit reculé.

Lorsque Jésus descend de la barque, il aperçoit la foule qui s'est rassemblée. Il prend pitié de tous ces gens qui sont comme des brebis sans berger. Ils ont besoin de quelqu'un qui leur montre le chemin vers Dieu. Jésus oublie son désir d'être seul avec ses disciples et poursuit sa prédication. Il raconte beaucoup de paraboles qui encouragent les hommes à vivre comme Dieu le veut. Le soir venu, les disciples lui disent : « L'endroit est désert et il est tard. Renvoie donc la foule : qu'ils aillent dans les villages s'acheter de la nourriture ! »

Jésus répond : « Donnez-leur vous-mêmes à manger. »

Les disciples sont surpris : « C'est à nous d'aller acheter pour deux cents deniers de la nourriture pour tous ces gens ? Mais nous n'aurons jamais assez de bras pour porter tant de pains, si tant est qu'on en trouve une telle quantité ! » Jésus demande alors : « Combien de pains avez-vous ? »

« Cinq pains et deux poissons. Tout juste de quoi nous nourrir nous-mêmes ! » répondent les disciples. « Faites asseoir tout le monde dans l'herbe. Placez-les par groupes de cinquante. »

Les gens s'assoient et se demandent ce que Jésus va faire. Jésus prend les cinq pains et les deux poissons. Il lève les yeux vers le ciel et prononce une bénédiction. Puis il partage les pains et les donne aux disciples pour qu'ils les distribuent. Jésus continue de rompre des pains, et il en reste toujours. C'est comme si la provision de pain était sans fin. Jésus distribue aussi les poissons, et eux non plus ne diminuent pas. Chacun mange du pain et du poisson. Tout le monde est rassasié. Puis Jésus demande à ses disciples de rassembler le reste. Bien que cinq mille personnes aient partagé ce repas, les disciples remplissent encore douze paniers de pains et de poisson. Tous ceux qui sont là s'émerveillent de ce miracle.

Jésus calme la tempête

Matthieu 14,22-33 ; Marc 6,45-52 ; Jean 6,16-21

Tout le monde a mangé à sa faim. Jésus propose alors à ses disciples de monter dans la barque pour traverser le lac et accoster à Bethsaïde. Il renvoie la foule et salue chaque personne en la bénissant. Puis il se retire sur une colline pour être seul avec Dieu et prier. Il choisit un bel endroit donnant sur le lac de Génésareth. Alors qu'il prie, une violente tempête se lève sur le lac et Jésus aperçoit la barque de ses disciples, ballottée par les vagues. Les disciples rament de toutes leurs forces, mais l'embarcation reste sur place. Un puissant vent contraire les empêche d'atteindre l'autre rive. Les disciples sont pourtant des marins endurcis, mais leur savoir-faire et leurs efforts ne leur sont d'aucun secours. Ils ont peur.

Jésus voit dans quelle difficulté ses disciples se trouvent. Il descend de la colline, et se dirige vers eux en marchant sur l'eau. Voyant cela, les disciples se mettent à crier d'effroi : ils le prennent pour un fantôme. Jésus leur dit : « Soyez confiants ! C'est moi ! N'ayez pas peur ! » Pierre reconnaît la voix rassurante de Jésus. « Seigneur, si c'est toi, ordonne-moi de marcher jusqu'à toi. » Pierre a repris confiance en voyant Jésus venir vers lui. Jésus l'appelle : « Viens ! » Pierre enjambe le bord de la barque et se met à marcher vers Jésus. Il ne se rend pas compte qu'il marche sur le lac, car il ne regarde que Jésus. Soudain, il baisse les yeux vers l'eau, sent le vent violent qui souffle, et prend peur. Sa peur le fait lentement s'enfoncer dans les flots. Toute sa confiance s'est envolée. Il crie : « Seigneur ! Sauve-moi ! » Jésus lui tend tout de suite la main et le tire hors de l'eau : « Pourquoi as-tu douté ? Pourquoi es-tu aussi peu confiant ? » Pierre est heureux que Jésus l'ait pris par la main. Il avance maintenant avec lui sur le lac. Mais il reconnaît aussi combien il est facile de lui faire perdre la foi. À l'instant où Jésus monte avec Pierre à bord de la barque, la tempête se calme. Les disciples, eux, sont bouleversés. Ils tombent à genoux devant Jésus et s'écrient : « Vraiment, tu es le Fils de Dieu. »

La parabole
du bon Samaritain

Luc 10,25-37

Jésus discute souvent avec les pharisiens et les scribes. Un jour, un scribe lui demande : « Maître, que dois-je faire pour gagner la vie éternelle ? » Il veut mettre Jésus à l'épreuve. Mais Jésus devine son intention et lui retourne la question : « Qu'y a-t-il écrit dans la Loi ? Toi qui connais les Écritures, que lis-tu ? » Le scribe répond : « Dans la Bible, un des commandements dit : "Tu aimeras le Seigneur ton Dieu de tout ton cœur, de toute ton âme, de toute ta force et de toute ton intelligence. Et tu aimeras ton prochain comme toi-même." »

« Tu as répondu correctement, répond Jésus. Fais ainsi et tu vivras. » Le scribe comprend que tout dépend de lui : c'est à lui d'agir correctement, d'aimer Dieu et son prochain. Mais il veut encore provoquer Jésus et lui pose la question suivante : « Mon prochain, qui est-ce ? » Jésus lui raconte cette parabole :

« Un homme se rendait de Jérusalem à Jéricho. En chemin, il est attaqué par des bandits. Ils le rouent de coups, le dépouillent de ses biens et de ses vêtements, puis le laissent à moitié mort au bord du chemin. Un prêtre vient à passer par là. Il aperçoit l'homme, mais ne veut pas se salir les mains. Il ne lui jette qu'un regard et poursuit sa route, tout à ses affaires. Peu après, un lévite passe par là. Il est originaire de Jéricho et revient de Jérusalem, où il a accompli son service au Temple. Il est content de rentrer chez lui. Quand il voit le blessé au bord du chemin, il ne s'arrête pas : il a hâte de retrouver sa famille. Arrive un homme de Samarie, il est en voyage d'affaires et pressé d'arriver à Jéricho. Voyant l'homme blessé, le Samaritain descend tout de suite de sa mule. Il se penche sur lui, regarde les blessures que lui ont infligées les bandits. Il sort du vin et de l'huile de ses bagages. Avec le vin, il nettoie les plaies. Puis il applique de l'huile, pour qu'elles cicatrisent. Enfin, il prend l'homme sur ses épaules et le hisse sur sa monture. Doucement, il mène la mule chargée du blessé jusqu'à l'auberge la plus proche. Bien qu'il doive déjà être à Jéricho ce soir-là, il fait étape dans cette auberge et soigne le blessé. Le lendemain matin, il dit à l'aubergiste : "Voici deux deniers. Occupe-toi de cet homme. Si l'argent ne suffit pas, je te paierai le dû à mon retour. Je ferai étape ici quoi qu'il arrive."

C'est ainsi que le blessé put se remettre de sa mésaventure dans cette auberge. Ses blessures guérirent et il reprit des forces grâce à la bonne nourriture que lui servit le patron. »

Après avoir raconté cette histoire, Jésus s'adresse à nouveau au scribe : « À ton avis, qui de ces trois hommes a été proche de la victime des brigands ? » Le scribe répond : « Celui qui a eu pitié de lui. » Jésus reprend alors : « Va et fais comme lui. »

Jésus réveille Lazare

Jean 11, 1-53

Lazare et ses sœurs Marie et Marthe sont des amis de Jésus. Un jour, Lazare tombe malade. Ses sœurs envoient des messagers à Jésus : « Seigneur, ton ami est malade. » Jésus aime ses trois amis pourtant, il ne se précipite pas pour aller auprès de Lazare. Il dit aux disciples : « Cette maladie ne conduit pas à la mort. Dieu lui-même prouvera sa gloire à travers Lazare. » Jésus reste donc deux jours encore de l'autre côté du Jourdain, à l'endroit où il s'est installé avec ses disciples.

Au bout de deux jours, Jésus dit aux disciples : « Lazare, notre ami, dort. Mais je vais le voir. » Les disciples ne comprennent pas ce que Jésus veut dire. « S'il dort, c'est qu'il va guérir. Ce n'est pas la peine d'aller lui rendre visite ! » Jésus, lui, parle bien du sommeil de la mort, il insiste : « Lazare est mort. Je veux que vous croyiez en moi, lorsque je vais aller le voir pour le réveiller. »

Lorsque Jésus arrive à Béthanie, le village où vivent Lazare et ses deux sœurs, son ami est mort depuis quatre jours déjà. On a déposé son corps dans une grotte, fermée par une lourde pierre. De nombreuses personnes entourent Marthe et Marie pour les réconforter et les soutenir. Apprenant que Jésus arrive avec ses disciples, Marthe se précipite à sa rencontre. Marie, elle, reste à la maison. Marthe s'écrie : « Seigneur, si tu avais été là, mon frère ne serait pas mort. Mais j'ai confiance. Dieu t'accordera tout ce que tu demanderas. » Jésus lui répond : « Ton frère ressuscitera. » Marthe dit : « Oui, il ressuscitera le dernier jour, avec tous les morts. » Jésus reprend : « Celui qui croit en moi vivra, même s'il meurt. » Marthe ne comprend pas ces paroles. Elle rentre chez elle : « Marie, le Maître est là. Il t'appelle. » Marie se lève et court vers Jésus. Dès qu'elle le voit, elle se jette à ses pieds : « Seigneur, si tu avais été là, mon frère ne serait pas mort. » Elle fond en larmes, et tous ceux qui l'ont accompagnée se mettent à pleurer aussi. Jésus est bouleversé. Il demande : « Où l'avez-vous déposé ? » Les gens lui répondent tristement : « Viens et vois ! » Jésus ne peut retenir ses larmes.

Il se rend au tombeau avec Marie et Marthe, suivi par de nombreuses personnes. Lorsqu'ils arrivent devant la grotte, Jésus ordonne : « Enlevez la pierre ! » Marthe hésite : « Seigneur ! Cela fait déjà quatre jours qu'il est là ! » Jésus répond : « Si tu crois, tu verras la gloire de Dieu. » Des hommes font donc rouler la pierre sur le côté. Jésus lève les yeux au ciel et adresse une prière à Dieu, son père : « Je sais que tu exauces toujours mes demandes. Alors exauce celle-ci, pour que les hommes croient en toi ! » Puis il crie dans le tombeau d'une voix forte : « Lazare ! Sors ! » Et le mort sort du fond de la grotte. Ses pieds et ses mains sont liés par des bandelettes, si bien qu'il marche très lentement. Son visage est couvert d'un suaire. Jésus demande aux deux sœurs de le débarasser de ses liens.

Tous ceux qui ont assisté à ce miracle sont très impressionnés : « Nous n'avons jamais vu pareille chose ! Qui donc est ce Jésus qui peut réveiller les morts ? » Nombreux sont ceux qui se mettent à croire. Certains doutent et vont raconter aux pharisiens ce que Jésus a fait. Les pharisiens réfléchissent au moyen de se débarrasser de Jésus. Car ils ont peur de perdre leur pouvoir si tous se mettent à croire en Jésus et à le suivre.

Jésus bénit les enfants

Matthieu 19,13-15 ; Marc 10, 13-16 ; Luc 18,15-17

Un jour, des mères amènent à Jésus leurs enfants pour qu'il pose la main sur eux et les bénisse. Les disciples leur répondent vivement et cherchent à les écarter : « Occupez-vous donc vous-mêmes de vos enfants ! Jésus a plus à faire que de perdre son temps avec des enfants ! Dieu lui a donné pour mission d'annoncer la Bonne Nouvelle. Alors ne le dérangez pas ! »

Entendant cela, Jésus se met en colère : « Laissez-venir à moi les enfants ! Ne les en empêchez pas ! Je veux m'occuper d'eux. Ils peuvent vous apprendre beaucoup de choses... Ils sont ouverts aux regards bienveillants qui leur sont adressés, ils écoutent volontiers ce que l'on leur dit, ils s'émerveillent de la beauté de la nature et se réjouissent des petites choses de la vie. Je vous le dis : si vous ne ressemblez pas à ces enfants, Dieu ne viendra pas à vous ! Seuls ceux qui sont ouverts comme eux peuvent accueillir Dieu dans leur cœur. »

Les disciples regrettent leurs propos. Jésus, lui, prend les enfants un par un dans ses bras. Puis il pose sa main sur la tête de chacun en disant : « Que Dieu te bénisse. Que sa bénédiction t'accompagne partout et t'enveloppe comme un manteau qui te protège. Toi aussi, sois une bénédiction pour ta famille. »

Jésus et l'homme riche

Matthieu 19,16-26 ; Marc 10, 17-27, Luc 18, 18-27

Alors que Jésus poursuit sa route avec ses disciples, un homme accourt et se jette à ses pieds. « Bon Maître, dit-il, que puis-je faire pour gagner la vie éternelle ? » Jésus s'étonne : « Pourquoi m'appelles-tu « bon Maître » ? Personne n'est bon, sauf Dieu lui-même. » « Tu connais les commandements : tu ne dois pas tuer, tu ne dois pas convoiter la femme d'un autre, tu ne dois pas voler, tu ne dois pas mentir. Et tu dois honorer ton père et ta mère. » L'homme reprend : « Maître, j'ai toujours respecté ces commandements. Et aujourd'hui encore, je m'y conforme. » Jésus le regarde. Il voit avec quelle ferveur cet homme s'efforce de vivre selon la volonté de Dieu. Pris d'affection, Jésus lui dit alors : « Il ne te manque plus qu'une chose : va et vends tout ce que tu as. Donne l'argent aux pauvres et suis-moi ! » Jésus prendrait bien cet homme comme disciple. Mais ce dernier pense alors à ses richesses. Il craint de ne plus avoir assez s'il distribue tout aux pauvres. Si bien qu'il s'en va tristement.

Voyant cela, Jésus se tourne vers ses disciples et dit : « Qu'il est difficile pour ceux qui sont riches d'entrer dans le royaume de Dieu ! » Cette phrase trouble les disciples. Jésus poursuit : « Mes enfants ! Comme il est difficile d'entrer dans le royaume de Dieu ! Il est plus facile à un chameau de passer par le chas d'une aiguille qu'à un riche d'entrer dans le royaume de Dieu ! »
Entendant cela, les disciples sont encore plus inquiets. Ils discutent entre eux : « Mais alors, qui pourra être sauvé ? » Jésus les regarde et dit : « Pour les hommes, c'est impossible. Mais pas pour Dieu. Car pour Dieu, tout est possible ! » Les disciples reprennent confiance.

Jésus guérit l'aveugle Bartimée

Marc 19,46-52 ; Luc 18,35-43

Jésus descend de Jérusalem à Jéricho avec ses disciples. Il traverse la ville et prêche. Puis il reprend le chemin inverse et sort de la ville. Une foule l'accompagne. Au bord de la route est assis un mendiant aveugle, appelé Bartimée. Il ne peut pas voir la foule, mais il l'entend. Il demande aux gens autour de lui : « Que se passe-t-il ? » On lui répond : « Jésus de Nazareth a prêché dans la ville. Maintenant, il retourne à Jérusalem. » Le mendiant se met alors à crier : « Jésus ! Prends pitié de moi ! » Voyant cela, les gens s'énervent et le rabrouent : « Tais-toi ! Arrête de crier ! Jésus n'a que faire de toi ! » Mais Bartimée crie de plus belle : « Jésus ! Prends pitié de moi ! »

Lorsqu'il entend crier son nom, Jésus s'arrête et dit à ses disciples : « Amenez-moi cet homme ! » Les disciples s'étonnent : Jésus est pourtant pressé, il veut atteindre Jérusalem avant la nuit. Ils disent à Bartimée : « Sois courageux et lève-toi. Jésus t'appelle. » Bartimée laisse tomber son manteau, se lève et va vers Jésus. Celui-ci le regarde : « Qu'attends-tu de moi ? Que puis-je faire pour toi ? » Bartimée répond : « Je veux pouvoir voir à nouveau ! » « Va, ta foi t'a sauvé ! », dit alors Jésus. À cet instant, les yeux du mendiant aveugle retrouvent leur éclat et il recouvre la vue. Fou de joie, il rend grâce à Dieu. Voyant cela, le peuple se joint à ses louanges. Bartimée, lui, décide de suivre Jésus. Il se joint aux disciples.

Jésus au puits de Jacob

Jean 4,1-12

Accompagné de ses disciples, Jésus quitte Jérusalem pour la Galilée. Il leur faut traverser la Samarie. Depuis fort longtemps, les Juifs détestent les habitants de Samarie, car leur foi est différente. Il est midi lorsque Jésus et ses disciples parviennent aux abords de la ville de Sychar, là où se trouve le puits de Jacob. C'est le puits que Jacob avait fait creuser avant de le léguer à son fils Joseph. Jésus est fatigué par la route et s'assoit sur la margelle du puits, pour se reposer. Il envoie les disciples chercher de la nourriture.

Il reste donc seul. Arrive alors une Samaritaine, qui vient puiser de l'eau. Jésus lève les yeux et lui dit : « Donne-moi à boire ! » La femme le regarde, surprise : « Comment ? Toi, un Juif, tu me demandes à boire, à moi, une Samaritaine ? D'habitude, vous ne nous adressez pas la parole ! » Jésus lui répond : « Si tu savais qui je suis, c'est toi qui m'aurais demandé de l'eau, et je t'aurais donné une eau vive. » La femme s'étonne : « Tu n'as rien pour puiser et le puits est profond... Comment pourrais-tu me donner de l'eau vive ? » « L'eau que je veux te donner est différente de celle-ci. Celui qui boit l'eau du puits aura à nouveau soif. Mais celui qui boit l'eau que je lui donnerai n'aura plus jamais soif, car elle jaillira en lui comme une source de vie éternelle. » La femme comprend alors qu'il ne parle pas de l'eau du puits, mais d'une eau aux vertus particulières : « Seigneur, donne-moi de cette eau, pour que je n'aie plus jamais soif. Je n'aurais plus à venir ici pour puiser. »

« Va, appelle ton mari et reviens ! », ordonne Jésus. « Je n'ai pas de mari », réplique la femme. « C'est juste ! s'écrie Jésus. Car tu as eu cinq maris, mais l'homme avec lequel tu vis en ce moment n'est pas ton vrai mari. » La femme est stupéfaite, elle comprend que Jésus sait tout de sa vie : « Seigneur, tu es un prophète, je le vois ! »

Laissant là sa cruche, elle court vers la ville pour raconter à tout le monde ce qu'elle vient de vivre. « Est-ce le Messie ? questionne-t-elle. Qu'en pensez-vous ? »

Son récit attise la curiosité des habitants de Sychar. Ils se rendent au puits de Jacob et invitent Jésus et ses disciples à demeurer un peu dans la ville. Jésus passe donc deux jours chez les Samaritains. Beaucoup trouvent la foi grâce à sa parole. Ils pensent : « C'est vraiment lui le Sauveur du monde. »

La parabole de la brebis perdue

Matthieu 18,12-14 : Luc 15,1-7

Les pharisiens s'indignent : Jésus partage ses repas avec des contrôleurs des impôts et des hors-la-loi. Ils le lui reprochent : « Tu te promènes avec des pécheurs et tu t'assois à leur table. Tu ne peux pas être un prophète de Dieu ! Car Dieu veut que nous vivions tous selon ses commandements. »

Alors Jésus leur raconte une histoire : « Un berger possède cent moutons. Il aime ses bêtes et les mène toujours dans les meilleurs pâturages. Un jour, une brebis disparaît. Sans doute s'est-elle égarée lorsque le troupeau a changé de pré. Le berger est triste, car il aime chacun de ses moutons. Il laisse donc la garde des quatre-vingt-dix-neuf moutons à son chien et part lui-même à la recherche de la brebis perdue. Il réfléchit : "Où peut-elle bien être allée ?" Il commence par retourner dans la prairie précédente. Puis parcourt les vallées avoisinantes. La brebis reste introuvable. Tout à coup, il entend un bêlement plaintif. Il reconnaît tout de suite sa brebis, car il sait distinguer chacune de ses bêtes à l'oreille. Rempli de joie, il se dirige vers l'endroit d'où viennent les bêlements et finit par retrouver la brebis, toute tremblante, dans un buisson d'épines. Elle s'y était prise et n'arrivait plus à s'en dégager. Le berger la libère avec précaution, la caresse et la calme. Puis il la prend sur ses épaules et la ramène au troupeau. Lorsqu'il la dépose sur le sol, ses moutons bêlent de joie et l'entourent pour la réchauffer. Le berger retourne à la ferme et annonce au fermier : "Regardez ! J'ai retrouvé la brebis perdue !" »

Lorsqu'il termine son histoire, Jésus demande aux pharisiens : « Lequel d'entre vous n'agirait pas comme ce berger ? Qui ne partirait pas à la recherche de la brebis perdue ? Qui n'aurait de cesse de la retrouver ? Pour Dieu, c'est la même chose. Il part à la recherche de tout homme égaré, de toute personne qui a quitté le droit chemin. Un seul pécheur qui se détourne du mal lui apporte plus de joie que quatre-vingt-dix-neuf justes qui n'ont pas besoin de changer. »

Les pharisiens ne savent plus quoi répondre à Jésus. Sa façon de comprendre Dieu est bien différente de la leur. Eux, ils n'ont en tête que les commandements.

La parabole du fils prodigue

Luc 15,11-32

Un jour, Jésus est invité à manger chez un collecteur d'impôts. Lorsqu'il arrive, de nombreux collecteurs et d'autres invités sont déjà là. Tous ces gens sont considérés comme des pécheurs. Le collecteur des impôts salue Jésus puis tous se mettent à table. Avant que les plats ne soient servis, Jésus raconte une histoire : « Un homme possédait une grande ferme. Il avait deux fils, qui travaillaient tous deux dans les champs et s'occupaient du bétail. Mais le plus jeune s'ennuyait chez son père. Il voulait vivre autre chose et découvrir le vaste monde. Il alla voir son père et lui dit : " Père, donne-moi ma part d'héritage ! Je veux voir du pays. " Le père partagea alors ses biens entre ses deux fils. Le plus jeune rassembla ses affaires et partit. Il visita tous les beaux lieux dont il avait entendu parler, et distribua son argent avec largesse. Il s'octroya tous les plaisirs, et avant qu'il ne s'en rende compte, il avait dépensé toute sa fortune. Par malheur, une famine ravagea le pays. Lorsqu'il n'eut plus rien à manger, il alla voir un fermier et lui demanda du travail. Le fermier l'envoya garder les porcs, mais ne lui donna pas d'argent en salaire. Tout au plus avait-il un endroit pour dormir. Le jeune homme avait si faim qu'il aurait bien mangé la nourriture des cochons. Mais il n'en avait pas le droit. Dans sa détresse, le jeune homme se prit à penser à tout ce qu'il avait fait, et il eut le mal du pays. Il se rappelait de son père, et de ses ouvriers, qui étaient bien mieux traités que lui. Il se demanda : " Combien mon père a-t-il d'ouvriers qui sont bien mieux nourris que moi ? Et moi, je vais mourir de faim ! Je vais retourner chez mon père et lui dire : " Père, j'ai péché contre le ciel et envers toi. Je ne suis pas digne d'être ton fils. Fais de moi un de tes ouvriers ! " Il prit son baluchon et partit.

Le père aperçut son fils au loin. Fou de joie, il courut à sa rencontre, le serra dans ses bras et l'embrassa. Le fils lui dit alors : " Père, j'ai péché contre le ciel et contre toi. Je ne suis pas digne d'être appelé ton fils. " Mais le père ne lui fit aucun reproche. Il était heureux que son fils soit revenu et dit à ses serviteurs : " Allez chercher les plus beaux vêtements et habillez-le. Passez une bague à son doigt et donnez-lui des chaussures neuves. " Puis il ordonna : " Amenez le veau gras et égorgez-le. Nous allons manger et nous réjouir. Car mon fils était mort et il est vivant de nouveau. Il était perdu et il est retrouvé. " Le père invita tout le monde chez lui. Ils commencèrent à festoyer. Les musiciens sortirent leurs instruments et tous se mirent à danser.

Le frère aîné, lui, était encore aux champs. En revenant, il entendit la musique et demanda à un serviteur : " Que se passe-t-il ? " " Ton frère est revenu. Tout heureux de le voir en bonne santé, ton père a fait tuer le veau gras. " Le frère aîné se mit en colère. Il n'entra pas dans la maison mais ruminait seul dans son coin. Le serviteur, qui s'était réjoui de voir revenir le jeune frère, en fut tout attristé. Il alla voir son maître et lui raconta tout. Le père sortit alors et supplia son fils aîné de rentrer. Mais celui-ci répliqua : " Durant toutes ces années, je t'ai servi. Je n'ai jamais agi contre ta volonté. Je t'ai toujours obéi, et j'ai toujours fait ce que tu m'as demandé. Et tu ne m'as jamais offert un veau pour que je festoie avec mes amis. Mais à peine ton fils revient, lui qui a dilapidé toute ta fortune, que tu organises une fête pour lui ! Moi, j'ai multiplié ta fortune, mais tu ne me traites pas aussi bien. " Le père s'attrista de voir son fils aussi amer. Avec beaucoup de tendresse, il lui dit : " Mon fils, tu es toujours à mes côtés. Et tout ce qui est à moi est à toi. Mais maintenant, nous devons nous réjouir et faire la fête. Car ton frère était mort et il est de nouveau vivant. Il était perdu et il nous est revenu. " »

Quand Jésus termine son histoire, les collecteurs d'impôts comprennent que c'est d'eux qu'il parlait. Ils sont très touchés par ce récit. Le repas qui suit est très joyeux, une vraie fête. Les collecteurs sont dans la joie : « Jésus ne nous reproche pas de nous être éloignés du droit chemin, mais il se réjouit que nous tournions notre cœur vers Dieu. »

La parabole des talents

Matthieu 25,14-29 ; Luc 19,11-26

À l'époque de Jésus, le mot « talent » n'a pas le même sens que celui que nous connaissons aujourd'hui. Pour nous, un talent, c'est un don particulier que possède quelqu'un. Il y a deux mille ans, en Palestine, le mot « talent » désigne une masse d'argent. Ainsi, un talent de pièces d'argent représente une grosse somme d'argent. C'est de cela qu'il s'agit dans l'histoire que raconte Jésus :

« Un homme riche part pour un grand voyage. Il ne sait pas quand il reviendra. Il fait donc venir ses trois serviteurs et leur confie à chacun une somme d'argent différente, en fonction de leurs capacités à la recevoir. Son premier serviteur reçoit cinq talents, le second deux, et le troisième, un seul. Puis le maître s'en va. Le premier serviteur utilise tout de suite ses cinq talents. Il embauche des gens, achète des terres, les cultive puis vend ses récoltes. Bientôt, il double la somme qu'il avait reçue. Le deuxième serviteur, qui a reçu deux talents, fait la même chose. Le troisième, lui, se dit : " Je ne dois surtout pas faire d'erreur. Mon maître est très sévère. S'il manque la moindre petite pièce lorsqu'il reviendra, je serai puni. " Il décide donc d'enterrer son argent au fond de son jardin, pour que rien ne lui arrive.

Longtemps après, le maître revient de son long voyage. Il fait venir ses serviteurs et demande à chacun ce qu'il a fait de son argent. Le premier serviteur, tout heureux, raconte comment il a multiplié par deux la somme qu'il avait reçue. Le maître le félicite : " Tu es vraiment un serviteur bon et fidèle. Tu t'es très bien occupé de ces cinq talents. Je vais donc te confier davantage : désormais, tu seras mon bras droit et tu me remplaceras si nécessaire. Entre dans la joie de ton Maître. " Le deuxième serviteur s'approche et dit : " Tu m'avais donné deux talents. En voici deux de plus. " Satisfait, le maître le félicite : " Tu es vraiment un serviteur bon et fidèle. Comme tu as bien administré ma fortune, je vais te confier une plus grande mission. Toi aussi, entre dans la joie de ton maître. ”

Le troisième serviteur qui n'avait reçu qu'un talent, s'avance : “ Maître, je savais que tu es un homme dur. J'ai eu peur et j'ai préféré enterrer mon talent. Le voici, reprends-le. ” Le maître s'emporte alors contre lui : “ Mauvais serviteur ! Paresseux ! Parce que tu avais peur, tu n'as rien fait ! Tu aurais au moins pu déposer mon argent à la banque : ça m'aurait rapporté des intérêts. ” Il ordonne de lui reprendre cet argent et de le remettre au premier serviteur. “ Mais il a déjà dix talents ! ”, s'étonnent ceux qui observent la scène. Le maître se justifie : “ Dans la vie, celui qui ose, gagne. Mais celui qui est tellement craintif qu'il ne tente rien, perd tout et se retrouve les mains vides. ” »

La parabole de la veuve et du juge

Luc 18,1-8

Jésus invite ses disciples à ne jamais cesser de prier.

« Dans une ville vivait un juge qui ne craignait pas Dieu. Son métier était de rendre la justice, mais il ne le faisait pas. Il ne pensait qu'à tirer son avantage de toutes les situations, et jugeait selon ce qui lui passait par la tête. Il ne tenait compte ni de Dieu ni de ses commandements.

Dans la même ville vivait une femme dont le mari était mort. Elle était seule. À cette époque, les femmes ne pouvaient travailler contre de l'argent. Il fallait donc qu'elle se contente de ce que son mari lui avait laissé. Or des cousins de son mari essayaient justement de lui prendre cet héritage.

La veuve alla donc voir le juge et lui raconta son affaire. Elle espérait que le juge rendrait la justice en sa faveur. Il en allait de sa survie ! Mais le juge n'avait pas envie de l'aider. La veuve l'agaçait.

Sans cesse, pourtant, elle revenait le voir : "Tu dois me rendre justice ! Aide-moi !" Mais le juge ne voulait pas lui prêter attention. Comme elle ne cédait pas et lui rendait visite tous les jours, il finit par se dire : "Cette veuve m'épuise ! Je ne crains pas Dieu mais cette femme est têtue comme une mule ! Je n'aurai jamais la paix ! Je vais lui rendre justice pour qu'elle me laisse tranquille." »

Jésus se tourne vers ses disciples : « À votre avis, si ce juge injuste rend la justice pour cette femme, Dieu ne rendra-t-il pas la justice pour ceux qui le prient ? »

Jésus guérit un sourd-muet

Marc 7,31-37

Des gens amènent à Jésus un sourd-muet. Il ne peut ni parler ni entendre. Il ne peut discuter avec personne, et ne sait jamais si les gens lui veulent du bien ou du mal, car il n'entend pas leurs voix. Si bien qu'il s'est peu à peu refermé sur lui-même et ne se porte pas bien. Les gens supplient Jésus de le toucher. Ils espèrent que cela lui fera du bien. Peut-être que Jésus pourrait même le guérir ?

Jésus conduit le sourd-muet à l'écart. Il a besoin d'être seul avec lui et ne veut pas être entouré par la foule. Il pose doucement ses doigts sur ses oreilles, et avec un peu de salive, touche la langue de l'homme. Puis il lève les yeux au ciel et dit, dans un grand soupir : « Effata ! » Cela signifie « Ouvre-toi ! » A cet instant, les oreilles de l'homme s'ouvrent et sa langue se délie. Il peut enfin parler correctement. Tout heureux d'entendre enfin sa propre voix, il ne cesse de parler. Il remercie Jésus de ce miracle.

Ramené à la foule, l'homme raconte, fou de joie, que Jésus l'a guéri. Tous sont frappés d'étonnement. Ils rendent grâce à Dieu et louent Jésus, qui agit en son nom : « Il fait bien toutes choses. Il fait entendre les sourds et parler les muets. »

Jésus s'invite chez Zachée

Luc 19,1-10

Jésus se rend à Jérusalem à Jéricho. Avec ses disciples, il traverse la ville, suivi par une grande foule. Tous veulent voir Jésus et l'entendre prêcher. Certains espèrent qu'il les guérira de leurs maladies. Il y avait là un petit homme appelé Zachée. Il est le chef des collecteurs d'impôts et a de nombreux employés. Comme il réclame toujours aux gens plus d'impôts que ce qu'ils devraient payer en réalité, il est très riche. Mais les habitants de la ville le méprisent parce qu'il travaille pour le compte des Romains.

Zachée a beaucoup entendu parler de Jésus. On lui a raconté que Jésus accepte même de manger avec les collecteurs d'impôts ! Zachée veut le voir de ses propres yeux. La foule est si dense qu'elle lui cache la vue. Il est trop petit pour regarder par-dessus les têtes ! Il lui vient alors une idée. Il grimpe sur un sycomore, un grand arbre au feuillage dense. Il peut observer Jésus de là-haut. Impatient, il attend, perché sur sa branche.

Lorsque Jésus arrive, il se dirige droit sur l'arbre. Il lève les yeux vers Zachée et s'écrie : « Zachée ! Descends vite ! Aujourd'hui, c'est chez toi que je dois me rendre. » Zachée est stupéfait : comment Jésus connaît-il son nom ? Et, plus étonnant encore, pourquoi ce Jésus, que certains tiennent pour un prophète, veut-il être son invité ? Son invité à lui, Zachée, que les Juifs pieux évitent et traitent de pécheur ! Tout heureux, l'homme descend de l'arbre et fait entrer Jésus dans sa maison.

Les gens qui assistent à cette scène s'indignent : « Comment peut-il rendre visite à un pécheur ! Ça ne peut pas être la volonté de Dieu ! » Zachée se rend compte que les gens médisent de lui : « Seigneur, déclare-t-il, je vais donner la moitié de ma fortune aux pauvres. Et si j'ai exigé trop d'impôts de quelqu'un, je lui rembourserai quatre fois la somme. » Zachée est tellement heureux que Jésus lui accorde sa confiance que sa richesse ne lui importe plus. Et les hommes pieux, qui le jugeaient si durement auparavant, regrettent leurs pensées. Zachée, chef des collecteurs d'impôts, s'avère être plus généreux et plus juste que tous. Jésus se tourne vers lui : « Aujourd'hui, cette maison est sauvée. Désormais, tu appartiens, toi aussi, à Dieu. Je suis venu pour sauver des gens comme toi. » Tous les invités se réjouissent des paroles de Jésus.

Jésus à Béthanie

Jean 12,1-8 ; (Matthieu 26,1-13 ; Marc 14,3-9)

Peu avant la Pâque, Jésus reprend le chemin de Jérusalem avec ses disciples. Il sait que c'est risqué. Car de crainte qu'il ne leur prenne tout leur pouvoir sur le peuple, certains pharisiens et grands prêtres ont décidé de le faire tuer. Malgré cela, Jésus veut se rendre à Jérusalem pour annoncer la Bonne Nouvelle. Six jours avant la Pâque, Jésus et ses disciples font étape à Béthanie. Ils retournent dans la maison où vivent leurs trois amis : Marthe, Marie et Lazare, celui que Jésus a réveillé du sommeil de la mort. Alors que tous sont déjà attablés, Marie prend un flacon de parfum d'une grande valeur. Elle s'agenouille devant Jésus et en verse sur ses pieds. Puis elle les sèche avec ses cheveux. La maison entière s'emplit de ce parfum.

La voyant faire, Judas Iscariote, un des disciples, s'emporte : « Pourquoi gaspilles-tu ce parfum coûteux ? Tu aurais pu te contenter d'eau pour laver les pieds de Jésus ! Les trois cents deniers que tu as dépensés pour ce parfum auraient été bien plus utiles pour les pauvres ! » En fait, Judas Iscariote ne se soucie pas des pauvres. C'est lui qui tient la bourse commune et il se sert souvent dans la caisse pour ses besoins personnels. Les trois cents deniers l'intéressent sans doute pour cela. Mais certains des disciples sont d'accord avec lui et disputent Marie. Jésus répond doucement : « Laisse-la donc tranquille ! Elle a bien agi. Les pauvres, vous les aurez toujours. Mais moi, je ne serai bientôt plus avec vous. Marie m'a parfumé pour préparer mon corps pour son ensevelissement. » Car Jésus sait qu'il va bientôt mourir. Il ajoute : « Amen, je vous le dis : partout dans le monde où sera annoncée la Bonne Nouvelle, on se souviendra des gestes de cette femme. »
Les disciples se taisent. Ils comprennent que Marie est la seule à avoir deviné ce qui attend Jésus. Elle n'a pas gaspillé le parfum, elle a montré à Jésus tout l'amour qu'elle lui porte.

Jésus entre à Jérusalem

Matthieu 21, 1-11 ; Marc 11,1-10 ; Luc 19,28-44 ; Jean 12,12-19

Jésus est prêt à se rendre à Jérusalem. Pour lui, ce moment est solennel : Jérusalem est la Ville sainte. C'est là qu'il va mourir. C'est là aussi qu'il ressuscitera. Lorsqu'il arrive sur le mont des Oliviers, aux abords de la ville, Jésus dit à deux de ses disciples : « Vous voyez ce petit village, là, juste devant nous ? Allez-y. Vous y trouverez un ânon, qui n'a jamais été monté. Détachez-le et amenez-le-moi. Si quelqu'un vous demande pourquoi, dites simplement : "Le Seigneur en a besoin". On vous laissera faire.

Les deux disciples vont jusqu'au hameau et tout se passe comme Jésus l'a dit. Ils disposent leurs manteaux sur le dos de l'âne et aident leur maître à s'y hisser. Jésus part, à dos d'âne. Avant même qu'il entre dans la ville, de nombreuses personnes se joignent à lui et à ses disciples. Certains ôtent leurs manteaux et les étalent sur le chemin devant l'âne. D'autres coupent des branches d'arbres et en tapissent le sol. Tous crient : « Hosanna ! Béni soit celui qui vient au nom du Seigneur ! Hosanna au plus haut des cieux ! »

Les disciples se réjouissent : quelle belle entrée dans Jérusalem ! D'une voix claire, ils remercient Dieu pour tous les miracles que Jésus a accomplis. Ils se souviennent des paroles des prophètes : « Réjouis-toi, Jérusalem ! Réjouis-toi, car voici ton roi ! Il est juste et pacifique, il est monté sur une ânesse, un ânon, le petit d'une bête de somme ! »

Lorsque tout ce convoi franchit enfin la porte de Jérusalem, la ville entière est en émoi. Les gens demandent aux disciples et à tous ceux qui les accompagnent : « Qui est donc cet homme ? » « C'est le prophète Jésus de Nazareth, en Galilée ! »

Ce triomphe fait enrager les pharisiens. Ils interpellent Jésus : « Maître ! Fais-donc taire tes disciples ! » Jésus leur réplique :« Je vous le dis, s'ils se taisent, les pierres crieront. »

En arrivant à Jésusalem, Jésus se met à pleurer : « Quelle tristesse !

Pourquoi cette si belle ville ne reconnaît-elle pas ce qui lui apporte la paix ? Pourquoi cette ville sacrée s'est-elle fermée la Bonne Nouvelle ? Cela me désole tant ! Le jour viendra où les ennemis de Jérusalem détruiront la ville sans laisser une seule pierre debout. Car elle a manqué sa chance. » En pensant à l'avenir de Jérusalem, les disciples sont tristes eux aussi.

Jésus et les marchands du Temple

Matthieu 21,12-13 ; 26,14-16 ; Marc 11,15-19 ; 14,10-11 ;
Luc 19,45-48 ; 22,3-6

Le lendemain, Jésus monte au Temple pour prier. Mais ce qu'il découvre ne lui plaît pas du tout : le Temple ressemble à un marché couvert. Partout, des marchands ont dressé leurs étals pour y vendre des animaux de sacrifice. Partout, on y échange de l'argent. Jésus entre dans une grande colère. Il éparpille les pièces de monnaie des changeurs et renverse toutes les tables. Il chasse les marchands et les prêteurs hors du temple avec tous les animaux et crie : « Dieu a dit : "Ma maison est un lieu de prière. Vous en avez fait un repère de brigands." » Les marchands et les prêteurs râlent mais n'osent pas affronter Jésus. Pleins de rancœur, ils s'éloignent en réfléchissant comment ils pourraient se venger de lui. Ils se rendent chez les grands prêtres pour se plaindre. Les grands prêtres tiennent conseil : en vidant le Temple de ses commerces, ce Jésus les prive de leur rentrée d'argent ! Car les marchands leur reversent toujours une part de leurs ventes. Comment se débarasser de ce perturbateur avant la fête de la Pâque ?

Arrive alors Judas, un des disciples. « Combien me donnez-vous, leur dit-il, si je vous livre Jésus ? » « Nous te paierons trente pièces d'argent si tu trahis ton maître. » Marché conclu : Judas repart avec une bourse bien remplie et se met à réfléchir à quelle occasion il pourra livrer Jésus aux grands prêtres.

Les préparatifs
du dernier repas

Matthieu 26,17-19 ; Marc 14,12-16 ; Luc 22,7-13 ; Jean 13,1-17

Comme tous les Juifs, Jésus et ses disciples ont l'intention de fêter la Pâque. Ce jour-là, au cours d'un repas de fête, on commémore la fuite d'Égypte. Les disciples s'interrogent : « Où allons-nous fêter la Pâque ? » Jésus envoie deux disciples en ville en leur disant : « Vous allez croiser un homme qui portera une jarre sur sa tête. Suivez-le jusqu'à la maison où il travaille. Là, vous aviserez le maître de maison et lui direz : "Le maître te demande : dans quelle pièce puis-je manger l'agneau pascal avec mes disciples ?" Il vous indiquera une pièce à l'étage. Elle est assez grande pour nous accueillir tous, et des coussins y auront été installés. Vous préparerez alors tout ce dont nous avons besoin pour le repas de la Pâque. » Tout se passe comme l'a dit Jésus et les deux disciples commencent les préparatifs. Le soir venu, Jésus les rejoint avec tous les autres disciples. Ils s'assoient autour de la table et attendent qu'un serviteur vienne leur laver les pieds, pour en ôter la poussière, selon l'usage. Mais c'est Jésus lui-même qui se lève, se débarasse de son manteau, et se noue un linge autour de la taille. Il verse de l'eau dans une bassine et se met à laver les pieds des disciples, l'un après l'autre. Quand vient le tour de Pierre, celui-ci choqué, s'écrie : « Maître, toi, tu me laverais les pieds ? Jamais je ne te laisserai faire ça ! » « Tu ne comprends pas encore ce que je fais, réplique Jésus. Si je ne te lave pas, tu ne pourras rien partager avec moi. » Pierre le prie alors : « Dans ce cas, Seigneur, ne me lave pas seulement les pieds, mais aussi les mains et la tête. »

Quand Jésus eut fini de laver les pieds de tous ses disciples, il remet son manteau, reprend place à table et dit : « Comprenez-vous ce que je viens de faire ? Vous m'appelez Seigneur ou Maître, mais je vous ai lavé les pieds comme un serviteur. C'est ainsi que vous devez agir : être les serviteurs les uns des autres. »

Le dernier repas

Matthieu 26,20-35 ; Marc 14,17-31 ; Luc 22,14-34

Vient alors l'heure du repas. Tous sont assis autour de la table. Jésus prend la parole : « Amen, amen, je vous le dis : l'un de vous va me trahir. » Troublés, les disciples se regardent les uns les autres sans comprendre. Jean demande : « Seigneur, lequel de nous est-ce donc ? » « Celui à qui je vais donner cette bouchée de pain », répond Jésus en trempant un morceau de pain dans le vin. Il le tend à Judas en disant : « Ce que tu as à faire, fais-le vite. » Judas se lève d'un bond et se précipite dans la nuit. Autour de la table, personne n'a compris ce qu'a voulu dire Jésus : peut-être a-t-il envoyé Judas acheter quelque chose pour la fête ? Ou pour qu'il aille faire l'aumône aux pauvres ?

Pendant le repas, Jésus prend le pain, prononce la prière de bénédiction, le rompt et le donne aux disciples : « Prenez et mangez ! Ceci est mon corps ! » Puis il prend la coupe de vin, la bénit, et la donne à ses disciples : « Buvez ! C'est mon sang, qui sera versé pour tous, pour que les péchés soient pardonnés. » Tous ensemble, ils entonnent un chant de louange avant de quitter la maison. Jésus veut retourner au mont des Oliviers, juste à l'extérieur de la ville, là où il aime se retirer pour prier. En chemin, il se tourne vers ses disciples et leur lance : « Cette nuit, vous allez tous m'abandonner. Comme des moutons sans berger vous allez vous disperser et errer sans but. Mais quand je serai ressuscité, je vous rassemblerai. » Pierre s'écrie : « Seigneur, même si tout le monde t'abandonne, je resterai toujours à tes côtés ! » Jésus le regarde et secoue tristement la tête : « Non Pierre, même toi... Avant même que le coq chante demain matin, tu m'auras renié trois fois. » Pierre s'indigne : « Même si je devais en mourir, je ne t'abandonnerai pas. »

Dans le jardin de Gethsémani

Matthieu 26,36-56 ; Marc 14,32-52 ; Luc 22,39-53

Sur le mont des Oliviers, Jésus amène ses disciples au jardin de Gethsémani. Il les fait s'asseoir et leur demande d'attendre qu'il ait fini de prier. Il prend avec lui Pierre, Jacques et Jean. Alors, Jésus est saisi d'une grande crainte et d'une profonde tristesse. Il dit : « Mon âme est triste à en mourir. Restez ici et veillez ! » Il s'enfonce dans le jardin, pour prier seul. Face contre terre, il s'adresse à son père : « Père ! Si c'est possible, que cette douleur passe loin de moi. Mais que tout arrive comme tu l'as décidé, et non comme je le veux. »
Jésus retrouve ses disciples endormis. « Vous ne pouvez même pas rester éveillés une heure avec moi ? Réveillez-vous et priez ! Sinon, vous allez succomber à la tentation. »
Jésus s'éloigne une seconde fois pour prier seul : « Père, si je ne peux échapper à cette douleur, que ta volonté soit faite. » Puis il retourne voir ses trois amis : ils n'ont pas réussi à lutter contre le sommeil et se sont à nouveau endormis. Jésus retourne prier une troisième fois, puis retrouve encore les disciples endormis. Il leur dit alors : « Partons ! L'heure est venue ! Je vais être livré aux pécheurs. Voyez, Judas, qui m'a livré aux grands prêtres, est déjà là. » Jésus n'a pas terminé sa phrase que Judas surgit, accompagné d'une troupe de soldats en armes. Comme convenu avec eux, il se dirige vers Jésus et lui donne un baiser. Pour les soldats, la chose est claire : c'est cet homme-là qu'ils doivent arrêter. Ils s'avancent vers Jésus et le saisissent. Un des disciples tire alors son épée, se rue vers un des soldats et lui coupe l'oreille. Mais Jésus dit : « Range ton épée ! Ne sais-tu pas que mon Père pourrait envoyer ses anges pour me défendre ? Ce qui doit arriver arrivera. » Il se tourne vers les soldats : « Vous venez m'arrêter armés de bâtons et d'épées, comme si j'étais un brigand. Pourquoi ne m'avez-vous pas arrêté quand j'enseignais dans le Temple ? »
Les disciples ont peur. Ils prennent tous la fuite et abandonnent leur maître.

Pierre renie Jésus

Matthieu 26,57-75 ; Marc 14,53-72 ; Luc 22,54-71

Les soldats conduisent Jésus chez le grand prêtre Caïphe. Pierre et Jean les suivent en cachette : ils veulent savoir ce qu'il va advenir de leur maître. Jean connaît les serviteurs du grand prêtre. Grâce à eux, il se glisse jusqu'à la cour intérieure de la maison. Pierre, lui, doit rester dehors. Jean discute alors avec la gardienne qui accepte de laisser entrer Pierre. Mais lorsque celui-ci passe devant elle, elle demande : « Ne serais-tu pas un des disciples de ce Jésus ? » « Non, répond Pierre, je ne sais pas de quoi tu parles. »

Comme il fait très froid cette nuit-là, les domestiques du grand prêtre ont allumé un feu dans la cour. Pierre se joint à eux. L'un des serviteurs demande : « N'es-tu pas toi aussi un des disciples de Jésus ? » Une deuxième fois, Pierre secoue la tête : « Non, je ne connais pas ces gens-là. » Un autre insiste : « Mais si, toi aussi tu fais partie de leur groupe ! Ton langage te trahit : tu parles comme eux ! » Pierre s'énerve. « Mais non ! Je ne les connais pas ! » À peine a-t-il dit cela que le chant du coq perce l'obscurité. Les paroles de Jésus lui reviennent alors en mémoire : « Avant même que le coq chante, tu m'auras renié trois fois. » Pierre quitte la cour et se met à pleurer amèrement.

Pendant ce temps, Jésus est entendu dans la maison de Caïphe. Les grands prêtres, les scribes, les anciens, tous sont là pour le juger. On fait venir de nombreux témoins. Rien de ce qu'ils racontent n'est vrai. En fait, ils n'ont aucune raison valable pour le condamner à mort. Caïphe se lève et demande : « Pourquoi ne te défends-tu pas contre les accusations qui sont portées contre toi ? » Mais Jésus reste silencieux. Caïphe reprend : « Dis-nous si tu es le Messie, le fils de Dieu ? » Jésus répond simplement : « Tu le dis. »

Entendant cela, Caïphe déchire son vêtement et crie : « Il blasphème ! Nous n'avons pas besoin de témoins ou de preuves !

Personne n'a le droit d'affirmer qu'il est le fils de Dieu. » Caïphe se tourne alors vers l'assistance : « Vous avez entendu ce qu'il a dit ! Quel est votre jugement ? » Tous s'écrient à voix haute : « Il doit mourir ! » Ils frappent Jésus et lui crachent au visage.

Jésus devant Ponce Pilate

Matthieu 27,1-2.11-26 ; Marc 15,1-15 ; Luc 23,1-5.13-25 ;
Jean 18,28-19,16a

Au petit matin, les grands prêtres amènent Jésus à Pilate, le gouverneur romain. Il est le seul à pouvoir prononcer, au nom de l'empereur romain, une condamnation à mort et à pouvoir l'exécuter. Pilate demande aux grands prêtres : « Que reprochez-vous à cet homme ? » « Si ce n'était pas un criminel, nous ne te l'aurions pas amené », répondent les prêtres. Cette réponse irrite Pilate : « Reprenez-le et jugez-le d'après vos lois à vous ! » Les grands prêtres insistent : « Il nous est interdit, à nous, les Juifs, d'exécuter quelqu'un. »

Pilate conduit alors Jésus dans son palais, pour s'entretenir seul avec lui : « Es-tu le Messie ? Es-tu le roi des Juifs ? » « Mon royaume n'est pas de ce monde. Je ne règne pas sur les hommes comme tu le fais. Mon règne, c'est d'annoncer la vérité aux hommes. » « La vérité ? reprend Pilate, mais quelle est-elle ? » Jésus ne répond pas.

Pilate est impressionné par Jésus, qui ne se laisse pas intimider et ne semble pas craindre ce qui l'attend. Il retourne voir les grands prêtres : « Je n'ai aucune raison de le condamner. Je repense à cette coutume, qui veut que l'on libère un prisonnier pour la fête de Pâque. Voulez-vous que je libère le roi des Juifs pour cette occasion ? » Mais les Juifs veulent que Jésus meure sur la croix. Ils se souviennent alors d'un autre prisonnier, Barrabas. Barrabas est un meurtrier, qui a tué plusieurs Romains. Les scribes et les prêtres lancent à Pilate : « Non ! Ne libère pas Jésus ! Libère donc Barrabas ! » Pilate ne peut rien faire d'autre que de relâcher Barrabas.

Mais il hésite toujours à prononcer une sentence de mort pour Jésus. Pour contenter les Juifs, il le fait fouetter. Les soldats déguisent Jésus en roi pour se moquer de lui : ils tressent une couronne d'épines pour la placer sur sa tête, ils lui jettent un manteau rouge sur les épaules.

Puis ils le frappent au visage. Pilate fait traîner Jésus, en sang, devant les Juifs qui attendent : « Voyez ! Regardez-le, le roi des Juifs ! Je n'ai pas de raison de le faire exécuter ! » Les grands prêtres sont sans pitié : « Nous avons une loi. Et d'après cette loi, il doit mourir, car il prétend être le fils de Dieu. »

Pilate rentre une fois de plus dans son palais avec Jésus et essaie de discuter avec lui. Mais Jésus ne répond pas. « Pourquoi ne parles-tu pas avec moi ? dit alors Pilate. Ne sais-tu pas que j'ai le pouvoir de te libérer comme de te faire crucifier ? » « Tu n'aurais aucun pouvoir sur moi, si Dieu ne te l'avait pas donné, dit alors Jésus. » Pilate veut le libérer. Condamner Jésus à mort, c'est commettre une grande injustice, il le sent. Mais quand il retourne voir les Juifs, ceux-ci lui crient : « Si tu le libères, c'est que tu ne soutiens pas l'empereur ! Car quiconque affirme être roi s'oppose à l'empereur. » Entendant cela, Pilate prend peur. Il n'hésite plus : il donne l'ordre de crucifier Jésus.

Jésus est crucifié

Matthieu 27,31b-56 ; Marc 15,20b-41 ; Luc 23,26-49 ; Jean 19,16b-30

En face de Jérusalem, il y a une colline que l'on appelle le Golgotha, c'est-à-dire le « lieu du crâne ». C'est là que Jésus doit être crucifié. Les soldats chargent ses épaules du bois de la croix. Jésus a perdu ses forces sous les coups de fouet : il s'effondre sous le poids de la croix. Un homme passe par là, revenant des champs. Il s'appelle Simon de Cyrène. Les soldats le réquisitionnent pour aider Jésus. Chargé de la lourde poutre, il marche derrière le condamné.

Ils atteignent le Golgotha. Là, les soldats clouent Jésus sur la croix. Deux croix sont encore dressées, de chaque côté de Jésus. Deux criminels y sont crucifiés à leur tour. L'un d'entre eux lance des injures à Jésus : « N'es-tu pas le Messie ? Si tu l'es, sauve-toi, et nous avec ! » L'autre lui fait des reproches : « Nous, nous l'avons bien mérité ! Nous payons pour ce que nous avons fait. Mais lui ? Il n'a rien fait de mal ! » Il ajoute, s'adressant à Jésus : « Seigneur, quand tu rejoindras ton royaume, pense à moi ! » « Amen, je te le dis, répond Jésus, aujourd'hui, avec moi, tu seras au paradis. »

Les soldats montent la garde au pied des condamnés. Ils se partagent les vêtements de Jésus. Non loin d'eux se tient Marie, sa mère, et trois femmes qui l'avaient suivi partout depuis la Galilée. Les disciples se sont tous enfuis. Seules les femmes et Jean ont eu le courage de rester auprès de la croix, alors que c'est interdit. Jésus baisse la tête. À la vue de sa mère, aux côtés de Jean, il dit : « Femme, voici ton fils. » Se tournant vers Jean, il poursuit : « Voici ta mère. »

À midi, l'obscurité se fait sur tout le pays. Le soleil disparaît et, à l'intérieur du Temple, le rideau se déchire en deux. Il se passe quelque chose d'incroyable, c'est comme si le ciel et la terre étaient bouleversés. Trois heures durant, le pays reste assombri. Jésus s'écrie alors : « Père, je remets mon esprit entre tes mains. » Après avoir dit cela, il ferme les yeux et meurt.

Voyant comment Jésus avait expiré, le centurion romain qui surveillait l'excécution avec ses soldats, s'écrie : « Vraiment, cet homme était le fils de Dieu. » Ceux qui s'étaient rassemblés au pied de la croix et avaient assisté à la scène se frappent la poitrine et s'éloignent, touchés. Même des ennemis de Jésus se convertissent, au pied de la croix. Ils comprennent qu'il n'était pas juste de le faire mourir.

Jésus est vivant

Jean 20,1-18 ; (Matthieu 28,1-10 ;
Marc 16,1-11 ; Luc 24,1-12)

Marie-Madeleine est l'une des femmes qui se tenait au pied de la croix. Il y a longtemps, Jésus l'a délivrée des sept démons dont elle était possédée. Depuis, elle éprouve tellement de gratitude envers lui qu'elle l'aime plus que toutes les autres femmes qui l'entourent. Marie-Madeleine est impatiente : elle aimerait que le jour du sabbat se termine enfin, pour pouvoir aller se recueillir sur le tombeau de Jésus. Ce jour-là, en effet, personne n'a le droit de quitter sa maison. À peine le sabbat est-il passé qu'elle se précipite, dès l'aube, vers la grotte où le corps de Jésus a été déposé. Mais en arrivant, elle voit que la pierre qui fermait la tombe a été déplacée : le tombeau est ouvert ! Aussi vite qu'elle peut, elle court jusqu'à la maison où sont rassemblés les disciples. Elle dit à Pierre et Jean : « On a enlevé le Seigneur de son tombeau ! Nous ne savons pas où on l'a mis ! »

Pierre et Jean se dépêchent. Eux aussi veulent voir. Jean est plus jeune que Pierre. Il court plus vite et arrive le premier au tombeau. En se penchant dans l'ouverture, il distingue les linges qui entouraient le corps. Mais il n'ose pas entrer. Pierre arrive, essoufflé. Il pénètre dans la grotte. Les linges sont bien là, ainsi que le tissu dont on avait couvert le visage de Jésus. Tout est plié et posé à plat. Pierre ne peut pas s'expliquer ce qu'il voit. Il ne comprend pas. Jean entre à son tour dans la tombe. Il observe tout cela. Et il croit. Il croit qu'il s'est passé quelque chose d'incroyable. Il en est persuadé.

Les deux hommes rebroussent chemin pour retrouver les autres disciples. Marie-Madeleine, elle, reste devant la tombe et pleure. Elle pleure la mort de Jésus. Elle pleure aussi parce qu'elle ne peut pas se recueillir sur son corps et le toucher. Elle se penche, en larmes, vers l'intérieur de la grotte. Deux anges vêtus de blanc se tiennent là : « Pourquoi pleures-tu, femme ? »

« On a enlevé mon Seigneur, et je ne
sais pas où on l'a déposé. » À cet instant,
elle se tourne et découvre un homme, debout derrière
elle. Le jardinier, sans doute, pense-t-elle. C'est Jésus
lui-même, mais elle ne le reconnaît pas. Il lui demande :
« Femme, pourquoi pleures-tu ? Qui cherches-tu ? » « Si c'est
toi qui a emporté le corps, répond-elle, dis-moi où tu l'as déposé. J'irai
le chercher. » Jésus prononce alors : « Marie ! » À sa voix et à sa façon
de prononcer son prénom, elle le reconnaît, tombe à genoux et lui
saisit les pieds : « Rabbouni ! Maître ! » Elle est tellement heureuse
de le revoir : il est vivant ! Mais Jésus reprend : « Ne me retiens pas !
Je ne suis pas encore monté vers mon Père. Va trouver mes disciples
et dis-leur que je monte vers mon Père et votre Père, vers mon Dieu
et votre Dieu. »

Marie-Madeleine court, pleine de joie, retrouver les disciples et leur
annoncer : « J'ai vu Jésus ! Il est vivant ! Il est ressuscité ! Il m'a dit
qu'il allait voir le Père ! » Les disciples sont remués par ce qu'ils
entendent. Jean croit tout de suite. Les autres sont partagés. Ils hésitent
entre doute et foi. Ils discutent entre eux et se souviennent que Jésus
leur avait dit : « Je vais mourir et le troisième jour, je ressusciterai. »
Ils pensent : « Ce jour-là, nous n'avons pas compris ses paroles.
Aujourd'hui, elles prennent une nouvelle signification. Jésus est
vraiment ressuscité. Il est vivant ! »

Jésus apparaît aux disciples

Luc 24,13-51 ; Jean 20,19-20

Le jour où Marie Madeleine s'est rendue au tombeau, deux disciples prennent la route d'Emmaüs. En chemin, ils discutent de tout ce qui s'est passé ces derniers jours. Ils sont tristes, car ce Jésus, en qui ils avaient mis tous leurs espoirs, est mort sur la croix. C'est d'ailleurs pour cela qu'ils veulent s'éloigner de Jérusalem, ce lieu de souffrance. Pendant qu'ils échangent ainsi, un inconnu se joint à eux. Il demande : « De quoi parlez-vous ? » Les deux disciples regardent l'homme avec stupéfaction : « D'où sors-tu donc ? Tu es bien le seul à ne pas savoir ce qui s'est passé à Jérusalem ces derniers jours ! » « Quoi donc ? » interroge l'inconnu. « Eh bien ! Ce qui est arrivé à Jésus de Nazareth ! Cet homme était un grand prophète ! Il tenait de magnifiques discours et a guéri de nombreux malades ! Tous le suivaient avec enthousiasme. Mais nos grands prêtres, nos chefs, l'ont condamné à mort et l'ont fait crucifier. Nous espérions qu'il délivrerait le peuple d'Israël et le remettrait debout, mais il n'y a plus d'espoir : cela fait déjà trois jours qu'il est mort et rien ne s'est passé. Ce matin, Marie-Madeleine nous a beaucoup troublés. Elle a trouvé le tombeau vide et elle a affirmé avoir vu Jésus. Certains d'entre nous se sont rendus à la grotte : elle est bien vide, mais ils n'ont pas vu Jésus. » L'inconnu écoute cela : « N'avez-vous donc pas compris ce qu'ont dit les prophètes ? Ils ont bien annoncé qu'il fallait que le Messie souffre tout cela ! » Il cite alors aux deux disciples de nombreux passages de la Bible qui concernent la venue de Jésus. Ses paroles réchauffent le cœur des deux compagnons.

En fin de journée, ils arrivent dans un village. L'étranger veut poursuivre sa route, mais les disciples le retiennent : « Reste avec nous ! La nuit va bientôt tomber ! Tu partageras notre repas ! » L'inconnu les accompagne dans la maison où ils logent. Tous prennent place autour de la table. L'homme prend le pain et prononce la même bénédiction que Jésus la veille de sa mort. Il en donne un morceau à chacun. A cet instant, les yeux des deux disciples s'ouvrent : ils reconnaissent Jésus, vivant. Mais à peine l'ont-ils reconnu qu'il disparaît à leurs regards. Ils se disent alors : « C'est vrai ! Ses paroles nous faisaient tellement de bien lorsque nous marchions à ses côtés et qu'il nous expliquait le sens des Écritures ! » Ils éprouvent une telle joie qu'ils repartent le soir-même pour Jérusalem. Ils veulent rejoindre leurs compagnons.

Quand ils arrivent à la maison où sont rassemblés les autres disciples, ceux-ci s'écrient en les voyant : « Le Seigneur est ressuscité ! Il est apparu à Marie-Madeleine et Pierre l'a rencontré ! » Les deux compagnons racontent aux autres ce qui leur est arrivé, et comment ils ont reconnu Jésus. La pièce résonne de cris de joie et d'exclamations. Comme ils ont peur d'être pourchassés par les Juifs, portes et fenêtres sont barricadées.

Soudain, Jésus apparaît au milieu de la pièce. Il dit : « La paix soit avec vous ! » Les disciples sont saisis de crainte. Ils hésitent entre joie et peur. Jésus poursuit : « Pourquoi êtes-vous troublés ? Ne voyez-vous pas les traces de mes blessures ? Là, sur mes mains, sur mes pieds... Là où les clous m'ont transpercé. C'est bien moi ! Moi, Jésus, avec qui vous avez marché à travers le pays, moi, votre Maître et votre Seigneur. Touchez-moi et vous comprendrez que c'est bien moi. »

Les disciples sont stupéfaits et pleins de joie. Ils en sont convaincus : leur Seigneur a vaincu la mort, il est ressuscité. Jésus s'assoit au milieu d'eux et leur explique ce qui était annoncé dans les Ecritures. Puis il les emmène dehors, jusque vers Béthanie. Il ouvre les bras, lève ses mains. Et pendant qu'il les bénit, il est emporté dans le ciel.

Le miracle de la Pentecôte

Actes des Apôtres 2,1-47

Les disciples continuent de se retrouver dans leur maison, avec Marie, la mère de Jésus, et les autres femmes qui s'étaient jointes à eux. Ensemble, ils prient. Le cinquantième jour après la résurrection de Jésus, ils sont tous là, assis ensemble. Soudain, un violent souffle descend du ciel et emplit toute la maison. Tombent alors du ciel des langues de feu qui se posent au-dessus de chacun d'eux. Tous sont emplis de l'Esprit saint.

Attirés par le tourbillonnement du souffle, beaucoup de gens se sont rapprochés de la maison. Ils sont curieux de savoir ce qui se passe. La porte s'ouvre. Les disciples et les femmes sortent et se mettent à parler dans des langues étrangères. L'Esprit saint qui est descendu sur eux sous la forme des langues de feu leur a donné le pouvoir de parler pour réchauffer le cœur des hommes et y faire jaillir une étincelle. Les gens s'étonnent : « Ce sont bien des Galiléens ! Pourtant nous comprenons tous ce qu'ils disent, alors que nous venons de pays différents ! » « Quel prodige ! » pensent certains. D'autres se moquent : « Ils ont bu du vin doux, c'est tout ! » Ils ne veulent pas se laisser griser par l'enthousiasme des disciples et des femmes qui parlent de Dieu avec tant de joie.

Pierre se fraie un chemin et s'avance devant tout le monde. Il demande le silence : « Vous, Juifs, et vous tous, habitants de Jérusalem ! Écoutez-moi bien ! Ces gens qui vous parlent ne sont pas ivres ! La prophétie du prophète Joël s'est accomplie : Dieu a répandu son Esprit sur tous les hommes ! » Pierre poursuit et raconte comment Jésus est ressuscité après sa crucifixion.

Devant la maison, les gens sont surpris : « Quoi ? C'est bien Pierre, ce pêcheur de Galilée, qui prêche si bien ? » Ils sont touchés par ses paroles et l'interrogent : « Que devons-nous faire ? » « Convertissez-vous, répond Pierre, et faites-vous baptiser au nom de Jésus.

Vous aussi, vous recevrez alors le don de l'Esprit saint ! » Près de trois mille personnes suivent le conseil de Pierre et sont baptisées.

Ce jour-là, on l'appelle la Pentecôte, et on le fête encore aujourd'hui, car c'est le jour où est née l'Église, l'assemblée des chrétiens. Les chrétiens sont de plus en plus nombreux et se répandent autour du pays où Jésus a vécu. D'abord en Judée, puis dans toute l'Asie mineure. Certains voyagent vers l'Europe, en Grèce et à Rome, puis dans tout l'Empire romain. Partout sont fondées de nouvelles communautés de chrétiens. Tous les jours, ils se réunissent pour prier ensemble, écouter les paroles que Jésus avait dites à ses disciples, et refaire les gestes qu'il a faits lors de son dernier repas, avant sa mort. En faisant cela, ils sentent que Jésus est parmi eux et les accompagne. On observe avec étonnement la vie des premiers chrétiens. Et l'on s'exclame à leur propos : « Regardez comme ils s'aiment les uns et les autres ! »

Anselm Grün OSB est né en 1945. Moine bénédictin, docteur en théologie, il vit à l'abbaye de Münsterschwarzach en Bavière (Allemagne). Il dirige des méditations, est psychothérapeute et conseiller spirituel de nombreuses personnes. Ses livres sur la spiritualité et le développement personnel se vendent à des millions d'exemplaires, ce qui fait de lui l'un des auteurs chrétiens les plus connus de notre époque.

Giuliano Ferri est né en 1965. Après des études à l'académie des arts d'Urbino (Italie), il se spécialise dans le dessin d'animation. Depuis quelques années, il illustre avec talent des albums pour la jeunesse, qui lui ont valu de nombreux prix. Il vit avec sa famille à Pesaro (Italie).